Tabellenkalkulation mit EXCEL

Einführung und Anwendungen

von

Dipl.-Math. Marco Schuchmann

Dipl.-Math. Werner Sanns

e-Mail: **M.Schuchmann@t-online.de**

Marco Schuchmann und Werner Sanns

TABELLENKALKULATION MIT EXCEL

Einführung und Anwendungen

ibidem-Verlag
Stuttgart

Die Deutsche Bibliothek - CIP-Einheitsaufnahme:

Ein Titeldatensatz für diese Publikation ist bei
Der Deutschen Bibliothek erhältlich

∞

Gedruckt auf alterungsbeständigem, säurefreien Papier
Printed on acid-free paper

ISBN: 3-89821-048-0

Printed in Germany

Vorwort

Das vorliegende Buch ist als Einführung in die praktische Anwendung des Programmpakets MS-EXCEL gedacht. Es wendet sich sowohl an den Leser, der noch gar keine Erfahrung mit EXCEL hat, als auch an den EXCEL-Nutzer, der spezielle Anwendungen mit EXCEL realisieren möchte wie zum Beispiel den Einsatz des EXCEL-Solvers oder das Erstellen von Makros. Dabei ging es uns hauptsächlich um die Darstellung einiger für die Praxis wichtigen Vorgehensweisen in EXCEL, und nicht um die Erstellung einer umfangreichen Dokumentation.

Sie benötigen zum Arbeiten mit diesem Buch einen PC mit einer bereits installierten Version von EXCEL unter Windows 2000, Windows Millenium Edition, Windows 98, 95 oder NT 4.0. Die im Buch beschriebenen Vorgehensweisen sind praktisch identisch für die EXCEL-Versionen EXCEL 2000 und EXCEL 97. Bei der älteren Version EXCEL 95 kann es ganz geringe Abweichungen in den Grafiken gegenüber unserem Buch geben, trotzdem können Sie auch mit dieser Version unsere Beispiele nachvollziehen. Es dürfte wohl auch bei den nächsten EXCEL-Versionen keine wesentlichen Veränderungen bezüglich der hier angesprochenen Arbeitstechniken mit EXCEL geben.

Die eigentliche Installation des EXCEL-Programms von CD auf Ihrem Rechner ist einfach und wird im Installationshandbuch, das Sie beim Kauf von EXCEL (bzw. dem EXCEL enthaltenden Programmpaket MS-Office) erhalten, genau beschrieben. Wir gehen daher im folgenden davon aus, daß EXCEL bereits installiert ist und bekannt ist, wie man dieses Programm startet.

Hier noch ein Hinweis zur Vorgehensweise und Notation: Anhand einer Grafik, die Ihre Bildschirmansicht zeigt, wird im Buch erklärt, welche Menüpunkte Sie auswählen sollten. Wir schreiben dies mit fett gedruckten Sequenzen, die mit Pfeilen (→) verbunden sind. Ein Beispiel hierzu: Die Sequenz **→Ansicht →Zoom →75% →OK** bedeutet, daß Sie nacheinander die Wahlmöglichkeiten «Ansicht» in der Menüleiste von EXCEL, dann «Zoom» aus dem geöffneten Untermenüfenster, dann «75%» und «OK» im Zoom-Fenster durch Mausklick auswählen sollen.

Marco Schuchmann, Werner Sanns

Inhalt

1 EINSTIEG IN MS-EXCEL 9

1.1 DER ERSTE AUFRUF VON EXCEL 9

1.2 RELATIVE, ABSOLUTE UND EXTERNE BEZÜGE 22

1.3 ZELLEN FORMATIEREN 30

1.4 MARKIEREN VON ZEILEN, SPALTEN UND TABELLEN 35

1.5 SPALTEN UND ZEILEN LÖSCHEN ODER VERSCHIEBEN 36

1.6 RAHMEN UND SCHATTIERUNGEN 37

1.7 LISTENFELD, KOMBINATIONSFELD UND SCHALTFLÄCHE 39

1.8 SCHUTZ VON ZELLEN ODER BEREICHEN 43

1.9 AUTOFILTER 45

1.10 DATEN SORTIEREN 47

1.11 FUNKTIONEN 48

1.12 SEITEN EINRICHTEN UND DRUCKEN 51

1.13 SPEICHERN VON EXCEL-ARBEITSMAPPEN 55

2 GRAFIKEN 59

2.1 BALKENDIAGRAMME 61

2.2 KREISDIAGRAMME 71

2.3 PUNKT-DIAGRAMME 77

2.3.1 Ausgleichskurven 81

2.3.2 Fehlerbalken 84

3 SPEZIELLE FUNKTIONEN UND IHRE ANWENDUNGEN 87

3.1 DIE WENN-, UND- UND ODER-FUNKTIONEN 87

3.2 HÄUFIGKEITSAUSZÄHLUNGEN UND BEDINGTE BERECHNUNGEN 90

3.2.1 Ansprechen von Datensätzen aus einer Datenbank 93
3.2.2 Matrizenoperationen 94
4 NUMERISCHE LÖSUNGSVERFAHREN IN EXCEL 97
4.1 LÖSEN VON GLEICHUNGEN MIT DER ZIELWERTSUCHE 97
4.2 LÖSEN VON OPTIMIERUNGSPROBLEMEN MIT DEM SOLVER 101
5 MAKRO-PROGRAMMIERUNG 107
5.1 MAKROS AUFZEICHNEN 107
5.2 FUNKTIONEN SELBST SCHREIBEN 112
5.3 MAKROS SCHREIBEN 114
5.4 BUTTONS UND AUSWAHLFELDER 131
5.5 PRAKTISCHE ANWENDUNG DER MAKROPROGRAMMIERUNG 135
6 INDEX 143

1 Einstieg in MS-EXCEL

1.1 Der erste Aufruf von EXCEL

Starten Sie EXCEL unter Windows. Dazu wählen Sie, wenn Sie bei der Installation von EXCEL alle voreingestellten Verzeichnisnamen übernommen haben, in Windows die Menüpunkte →**Start** →**Programme** →**Microsoft EXCEL.**

Sie sehen beim ersten Programmstart von EXCEL folgendes Fenster :

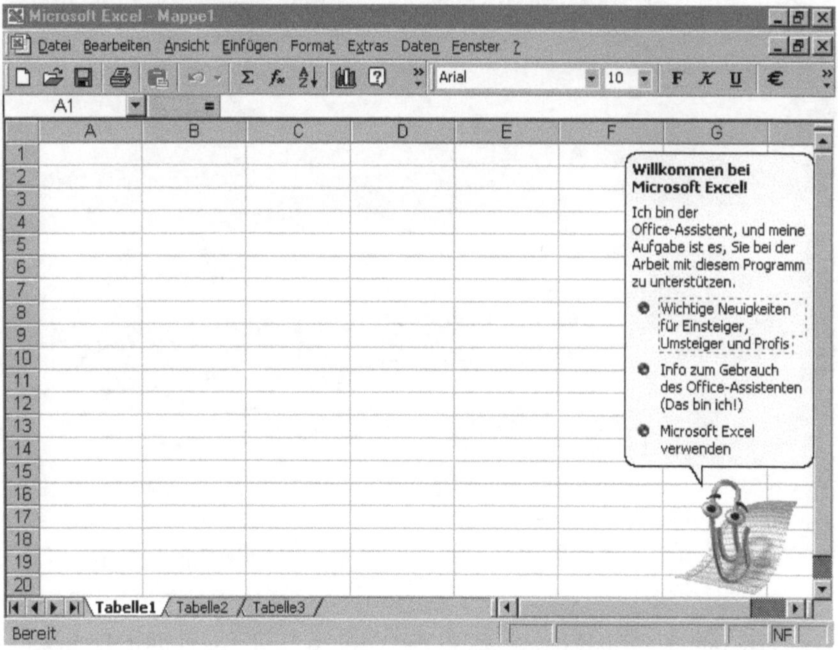

Der in unserem Bild gezeigte Office-Assistent (symbolisch als Büroklammer und Blatt angedeutet) dient der Hilfe und ist nur in Office 2000 (EXCEL 2000) und Office 97 (EXCEL 97) vorhanden, nicht jedoch bei den Vorgängerversionen. Klicken Sie auf den blauen Auswahlknopf →**Microsoft EXCEL verwenden** in der «Sprechblase» des Office-Assistenten. Sie können den Assistenten auch über die folgenden Menüpunkte in der Menüleiste ganz oben abschalten: →**?** und dann →**Office-Assistenten ausblenden**. Bei Bedarf kann er unter →**?** wieder eingeschaltet werden. Ebenfalls unter dem Menüpunkt →**?** finden Sie bei →**Info** Hinweise über die EXCEL-Version, mit der Sie arbeiten.

Betrachten wir nun einmal das EXCEL-Fenster in seiner Gesamtheit:

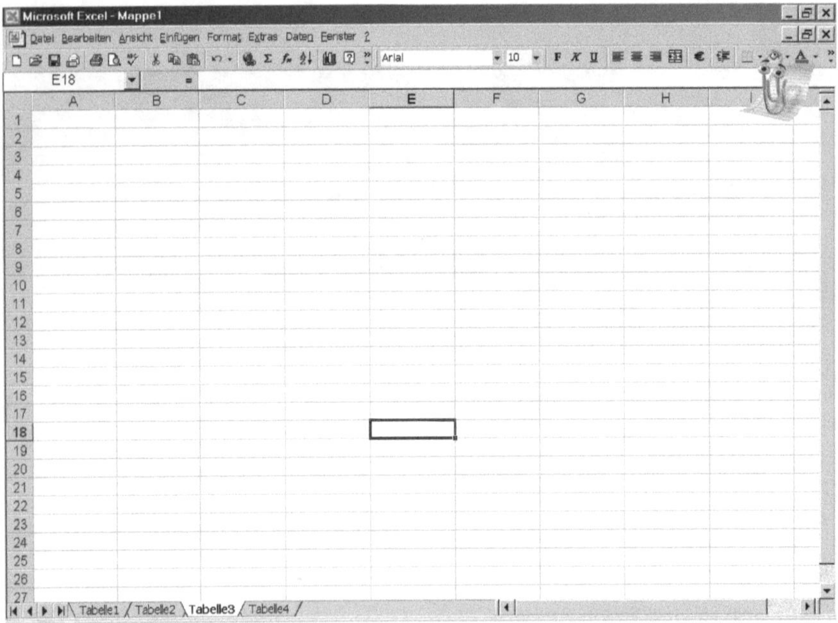

Der obere (auf dem Bildschirm blaue) Rand des EXCEL-Fensters trägt die Bezeichnung «Microsoft Excel - Mappe 1». Eine EXCEL-Datei wird auch «Arbeitsmappe» oder kurz «Mappe» genannt. Die «Mappe 1» wurde beim Start von Excel automatisch neu angelegt. Würde man EXCEL (zusätzlich zu dem bereits aktiven EXCEL-Programm) noch einmal starten (was durchaus geht), so würde dort wiederum eine neue Mappe angelegt, diesmal aber unter dem Namen «Mappe 2», damit eine gleichzeitige Öffnung und Bearbeitung derselben Mappe durch zwei Programme ausgeschlossen ist.

Unter der blauen Zeile finden Sie eine Zeile mit den Beschriftungen: «Datei, Bearbeiten, Ansicht, Einfügen, Format, Extras, Daten, Fenster, ?». Diese wollen wir als Hautpmenüleiste bezeichnen. Wenn Sie dort eine der genannten Beschriftungen anklicken, erscheint jeweils ein Untermenü (Pulldown-Menü), mit dessen Hilfe weitere Auswahlen getroffen werden können. Es sei hier schon darauf hingewiesen, daß sich bei EXCEL 2000 (im Gegensatz zu den Vorgängerversionen) innerhalb eines Pulldown-Menüs weitere, zunächst nicht sichtbare Menüpunkte aufrufen lassen. Dies ist der Fall, wenn sich am unteren Rand des Pulldown-Menüs ein Doppelpfeil befindet. Erst wenn man diesen mit der linken Maustaste anklickt, werden die übrigen Menüpunkte sichtbar. Sie können ein Pulldown-Menü wieder schließen, indem Sie entweder die Escape-Taste (Esc) drücken oder einfach mit der Maus auf einen anderen Bereich von EXCEL klicken. Die Esc-Taste ist übrigens auch als Abbruch von Eingaben, zum Beispiel bei Formeln, hilfreich.

Wie Sie am unteren Rand des weißen Tabellenfeldes mit den Gitternetzlinien sehen können, besteht eine EXCEL-Mappe aus mehreren Tabellenblättern. Diese sind fortlaufend numeriert und auf den sogenannten «Registerzungen» des Namensregisters mit den Namen «Tabelle1», «Tabelle2» etc. beschriftet. Zwischen den Tabellenblättern können Sie wechseln, wenn Sie mit der Maus auf deren Namen klicken. Sie befinden sich nach dem Start von EXCEL in «Tabelle1». Im oben gezeigten Bild befinden wir uns momentan in dem Tabellenblatt mit dem Namen «Tabelle3»; erkennbar ist dies an der weiß hervorgehobenen Registerzunge von «Tabelle3». Diesen Namen können Sie übrigens auch ändern. Hierzu müssen Sie doppelt auf den Namen klicken, ihn dann nach Ihren Wünschen abändern und die Enter-Taste drücken. Sie können auch neue Tabellenblätter einfügen, indem Sie mit der Maus unten auf den Registerzungen an die gewünschte Stelle fahren (z. B. auf «Tabelle2») und dann die rechte Maustaste drükken. Sie erhalten dann das folgende (sogenannte Kontext-)Menü:

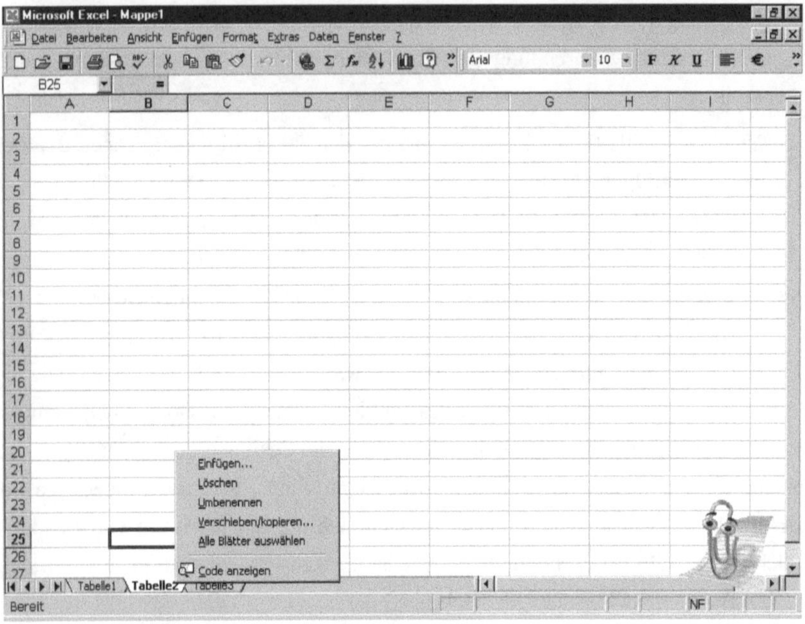

Hier bestehen verschiedene Auswahlmöglichkeiten. Wählen Sie nun →**Einfügen** und achten Sie darauf, daß im folgenden Fenster das Symbol →**Tabelle** blau hinterlegt ist (falls nicht, anklicken).

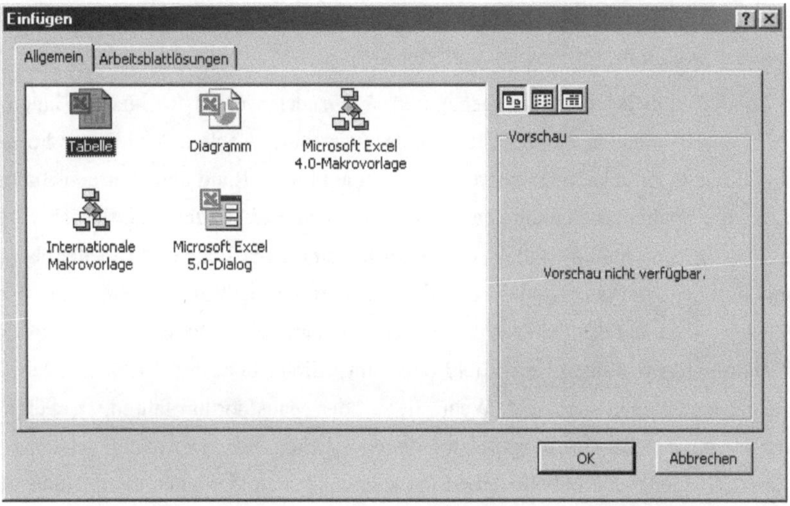

Klicken Sie auf **→OK**. Sie erhalten ein neues Tabellenblatt mit der Bezeichnung «Tabelle 4». In der Version EXCEL 2000 sind 3 vorhandene Tabellenblätter als Standard vorgegeben, nicht jedoch bei den vorherigen Versionen. Sie können bei Bedarf die Anzahl der nach dem Start angezeigten Tabellenblätter ändern, indem Sie die Menüfolge **→Extras →Optionen →Allgemein** wählen und dann bei «Blätter in neuer Arbeitsmappe» eine andere Zahl eintragen. Klicken Sie dann auf **→OK**. Beim nächsten Start von EXCEL ist die von Ihnen gewählte Anzahl von Tabellen in EXCEL verfügbar.

Hinweis: Hier können Sie auch die Liste der zuletzt geöffneten Dateien beeinflussen, die unter dem Hauptmenüpunkt «Datei» zu finden ist. Vier Dateien, die zuletzt bearbeitet wurden, werden als Standard aufgelistet. Dies ermöglicht einen raschen Zugriff auf zu bearbeitende Dateien, wenn Sie EXCEL neu gestartet haben. Außerdem können Sie hier Schriftarten und Schriftgrößen als Standard festlegen und andere Standardordner als den vorgeschlagenen Ordner «Eigene Dateien» auswählen.

Sie können ein Tabellenblatt löschen, verschieben oder kopieren. So verschieben Sie beispielsweise unser Tabellenblatt 4, indem Sie dessen Namen auf der Registerzunge mit der linken Maustaste anklicken, dann die Maustaste gedrückt halten und das Tabellenblatt nach links oder nach rechts ziehen.

Ein Tabellenblatt besteht aus sogenannten *Zellen,* den weißen Rechtecken innerhalb der Gitternetzlinien. In diese Zellen werden wir später Zahlen, Texte oder Formeln eingeben. Jede Zelle kann über ihre Zeilenzahl am linken Rand und über den Buchstaben für die Spaltenbezeichnung (am oberen Rand dieses Blattes) angesprochen werden. Das (standardmäßig weiße) Feld in der linken oberen Ecke des Tabellenblatts ist somit eine Zelle mit dem Namen A1. Die Zelle darunter heißt A2 (zweite Zeile, Spalte A). Analog dazu hat das Feld rechts von A1 den Namen B1. Der entsprechende Name der Zelle wird im weißen Namenfeld oben links direkt über der Buchstabenzeile für Zellenbezeichnungen angezeigt. Wenn Sie mit der Maus dorthin fahren, erscheint ein Hinweis mit der Beschriftung «Namenfeld». Klicken Sie zur Übung verschiedene Zellen der Tabelle an und betrachten Sie die jeweiligen Änderungen in der Namensanzeige.

Sie können auch einer Zelle, die Sie durch Anklicken aktiviert haben, einen anderen Namen geben. Dazu müssen Sie oben in das Namenfeld klicken, den bisherigen Namen überschreiben und die Eingabetaste (= Enter- oder Return-Taste; Symbol: ↵) drücken. Danach kann die Zelle über die alte Bezeichnung oder über den neu definierten Namen angesprochen werden. Analog dazu können Sie einen ganzen Bereich von mehreren Zellen markieren (dazu mit der linken Maustaste die linke obere Zelle des auszuwählenden Bereichs anklicken und dann die Maustaste gedrückt halten, bis Sie den kompletten Bereich Ihrer Wahl überstrichen haben) und diesem Bereich einen Namen geben.

In jede Zelle können Sie einen Text oder auch eine Zahl oder beides eingeben. Eine Zeile bzw. Spalte können Sie beliebig vergrößern, indem Sie mit der Maus zwischen zwei Spalten bzw. zwei Zeilen in deren Überschrifts- bzw Randleiste (A, B, C ... bzw 1, 2, 3 ...) fahren. Dann erscheint der Mauszeiger (Maus-Cursor) als ein vertikaler bzw. horizontaler Strich mit zwei Pfeilen senkrecht dazu. Wenn Sie dann die linke Maustaste drücken und gedrückt halten, können Sie mit der Maus die Spalte größer oder kleiner ziehen.

Sie können, um beispielsweise die Spalte A zu markieren, aber auch, auf die Spaltenüberschrift (A) klicken. Danach wird die gesamte Spalte markiert. Mit gedrückt gehaltener linker Maustaste können Sie nun auch mehrere Spalten markieren. Wollen Sie die Spaltenbreite ändern, so können Sie die rechte Maustaste drücken, wobei sich die Maus über der oder den markierten Spalten befinden muß. Dann öffnet sich erneut ein (Kontext-)Menü:

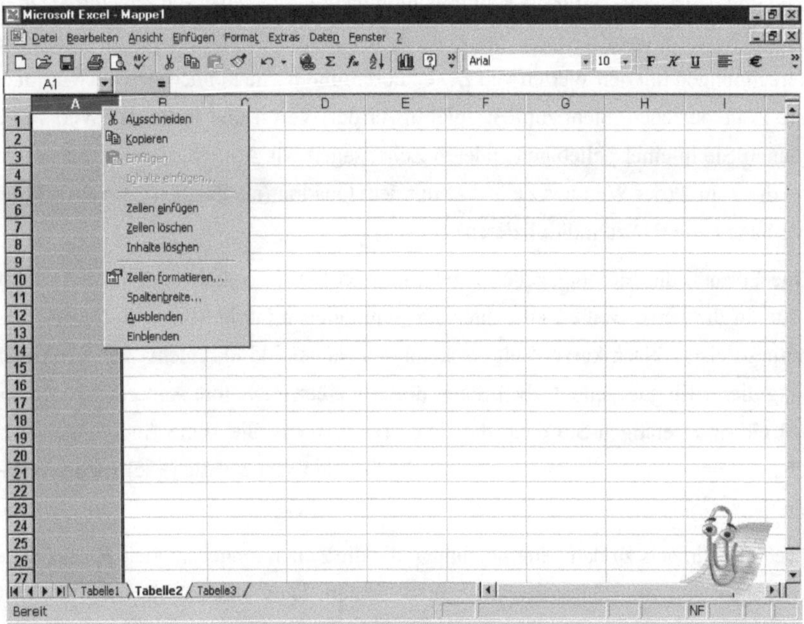

Hier können Sie →**Spaltenbreite** wählen und diese ändern. Die Änderung der Spaltenbreite ist auch über →**Format** →**Spalte** →**Breite** möglich. Analog dazu können Sie die Zeilenhöhe verändern.

Klicken Sie nun auf die Zelle A1 und geben Sie hier eine Zahl ein, z. B. «**15,3**». Danach müssen Sie die Eingabetaste (↵) betätigen. In die Zelle darunter (A2) geben Sie ein: «**=A1**» (das Gleichheitszeichen finden Sie in der oberen Zeile des Hauptfeldes der Tastatur über der 0; Sie erreichen es durch Drücken und Halten der Umschalttaste (= Shift-Taste, Symbol: ⇑) und Drücken der «0»- bzw. «=»-Taste.

Sie können statt «=A1» auch nur «=» eingeben, danach mit der Maus auf die Zelle A1 klicken und die Enter-Taste betätigen. Wie Sie sehen, erscheint in dieser Zelle ebenfalls der Wert 15,3. Wenn Sie nun den Wert in der Zelle A1 ändern, so ändert sich nach Betätigung der Eingabetaste auch automatisch der Wert in der Zelle A2. In der Zelle A2 können Sie nun anstatt «=A1» auch «=2*A1» eingeben (das Gleichheitszeichen und den Stern «*» für die Multiplikation nicht vergessen). Nun erhalten Sie in der Zelle A2 immer das Zweifache der Zelle A1. Analog dazu können Sie alle möglichen Berechnungen mit den Werten von Zellen durchführen. Sie können sich auch auf mehrere Zelle beziehen. Steht zum Beispiel in A1 der Wert 4 und in B1 der Wert 7,2, so können Sie in einer beliebigen anderen Zelle, sagen wir A5, eingeben: «=A1*B1^2», um die Zahl 4 (der Wert aus Zelle A1) mit dem Quadrat (als Zeichen ^2) von 7,2 (dem Wert aus Zelle B1) zu multiplizieren.

Eine Formel, die Sie eingegeben haben, können Sie auch ändern, wenn Sie mit der Maus in die lange weiße Zeile unter der Symbolleiste fahren (Formeln-Leiste, Bearbeitungsleiste). Nach kurzer Zeit erscheint das Namenfeld «Formeln» zur Kennzeichnung dieser Eingabezeile. Geben Sie in dieser weißen Zeile ihre Änderungen der Formel ein und betätigen Sie dann die Enter-Taste. Wenn Sie keine Änderungen wünschen, können Sie die Formeln-Leiste auch über die Escape-Taste (Esc) wieder verlassen.

Noch ein Hinweis zu den Gitternetzlinien, die die Zellen umgeben: Gelegentlich ist es wünschenswert, die Gitternetzlinien zu entfernen. Dies können Sie unter den Menüpunkten **→Extras →Optionen** und dem Auswahlkästchen **→Gitternetzlinien** (in Ansicht), indem Sie dort durch Anklicken mit der Maus das Markierungszeichen entfernen (siehe nächste Grafik). Auf entsprechende Weise können Sie bei Bedarf die Gitternetzlinien wieder einschalten.

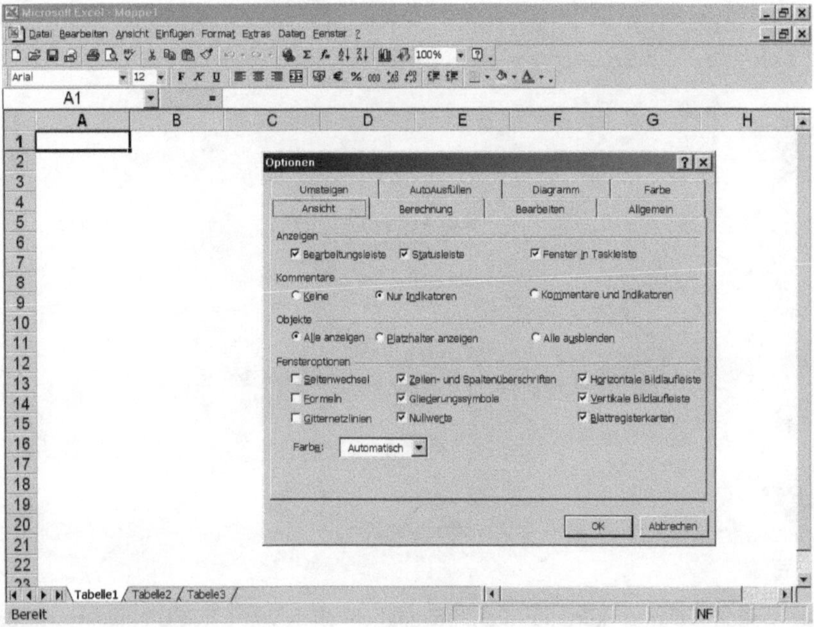

Wie Sie sehen, befinden sich in den genannten Optionen viele weitere Einstellmöglichkeiten für Ihr EXCEL-System. Beispielsweise können Sie «Allgemein» wählen und dann, wie im nächsten Bild gezeigt, die Schriftart und Schriftgröße für Ihr Programm verändern. Die Änderung wird aber in diesem Fall erst beim nächsten Neustart von EXCEL wirksam.

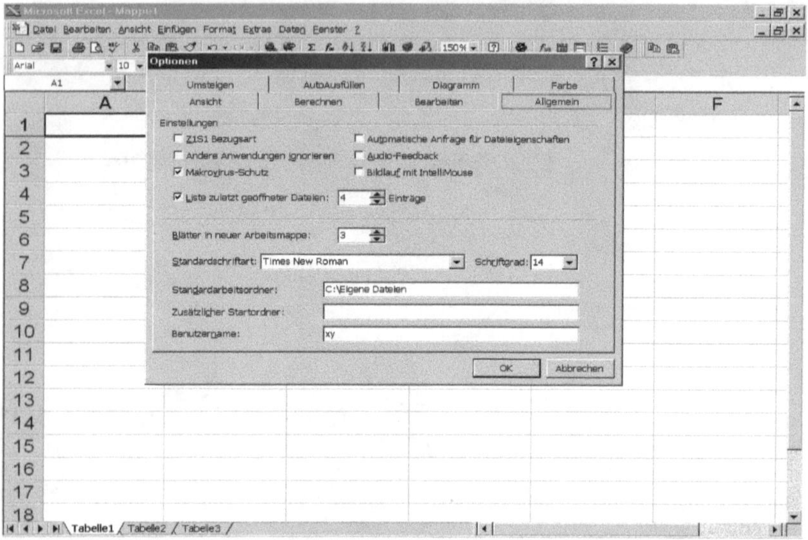

Nun wollen wir noch kurz auf die Hilfemöglichkeiten von EXCEL eingehen. In der Menüzeile finden Sie ganz rechts das Fragezeichen. Wenn Sie dieses anklicken, haben Sie mehrere Hilfemöglichkeiten zur Auswahl, von denen wir hier nur die wichtigsten beschreiben wollen. Wählen Sie, wie im nächsten Bild gezeigt, **→? →Direkthilfe**.

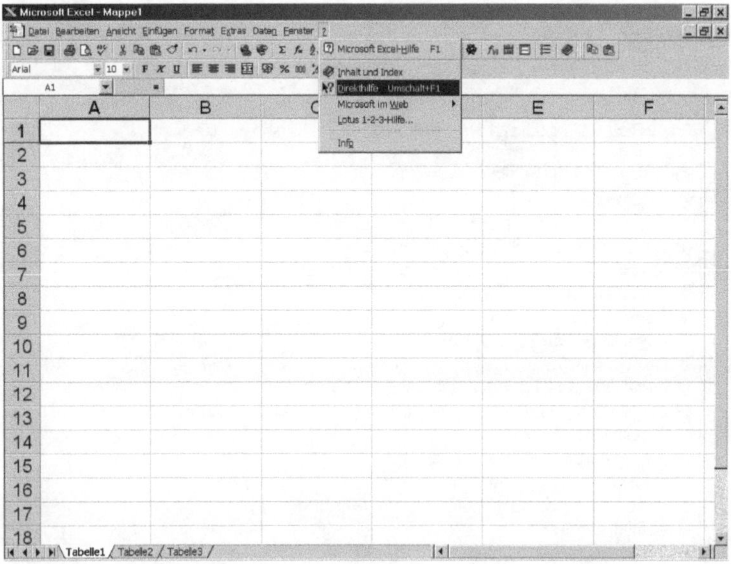

Neben dem Mauszeiger erscheint nun ein Fragezeichen als Zeichen dafür, daß diese Hilfe aktiviert wurde. Wenn Sie beispielweise wissen möchten, was das Symbol mit dem Pinsel (unterhalb der Menüleiste) und dem Namenfeld «Format übertragen» genauer bewirkt, so können Sie nun durch Anklicken dieses Symbols mehr darüber erfahren. Eine weitere Art der Hilfe finden Sie unter **→? →Inhalt und Index**:

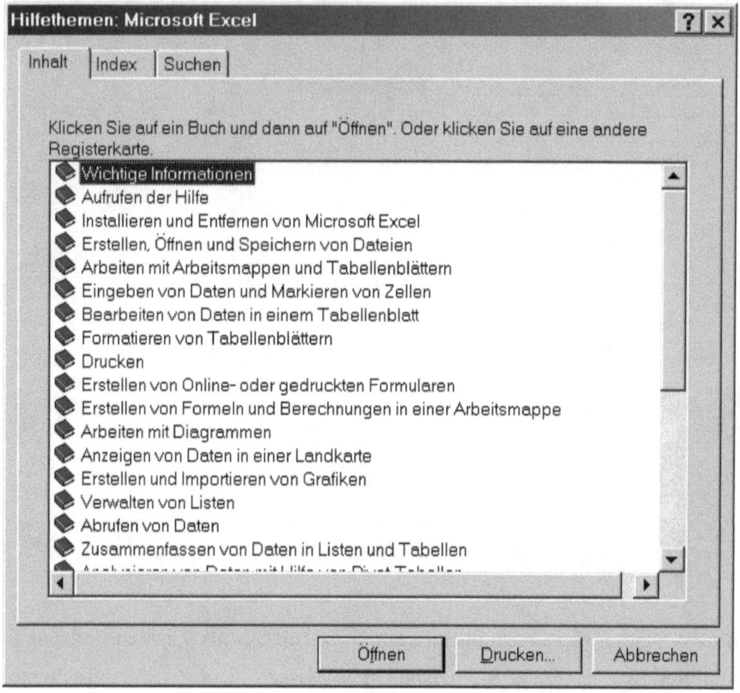

Unter **→Inhalt** finden Sie Hilfe nach Themen geordnet; wenn Sie **→Index** wählen, können Sie Stichworte für die Hilfe eingeben.

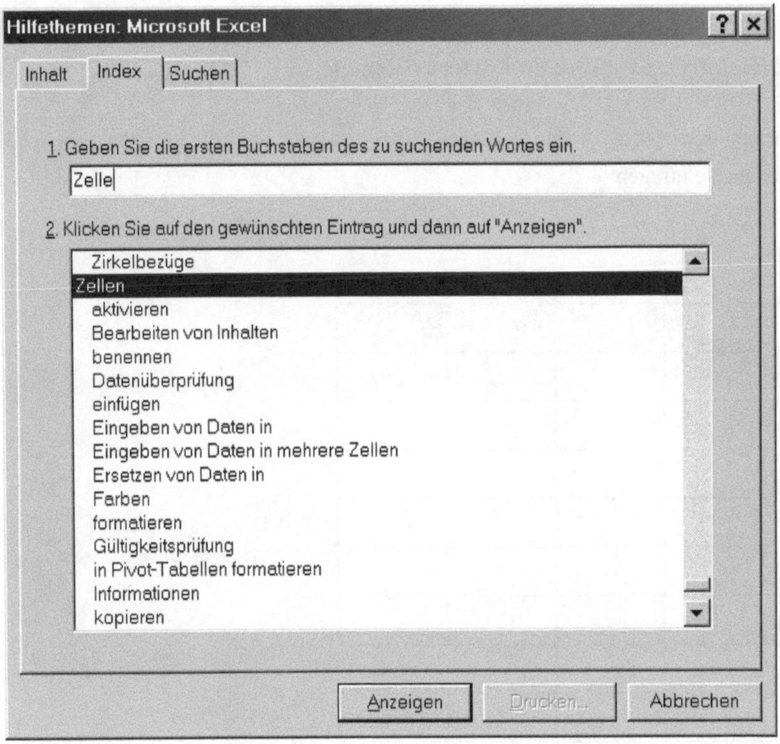

Im obigen Bild sehen Sie, daß hier das Stichwort «Zelle» eingegeben wurde. Sie können dann bei den unteren Einträgen den zu Ihrem Problem passenden Punkt auswählen. Durch Betätigung des Buttons →**Anzeigen** wird die Hilfe aufgelistet.

1.2 Relative, absolute und externe Bezüge

Wir gehen zunächst von der folgenden Tabelle aus, die Sie bitte in ihrem Tabellenblatt 1 genauso eintragen:

	A	B	C	D
1	1	4		
2	2	5		
3	3	6		
4				
5				
6				
7				
8				

Wenn Sie sich auf die Zelle A1 relativ beziehen wollen, so können Sie in einer anderen Zelle, z. B. in der Zelle A5, den Text «=A1» eingeben. Wenn Sie nun mit der Maus auf die rechte untere Ecke der Zelle A5 fahren, so wird der Mauszeiger zu einem dünnen Kreuz (+). Dann können Sie die linke Maustaste gedrückt halten und diese nach unten zum Feld A7 ziehen. Analog dazu können Sie diese 3 markierten Zellen jetzt auch von A7 nach rechts auf B7 ziehen. Wie sie sehen, wiederholen sich die Einträge der Felder aus A1 bis B3. Im Feld A5 haben Sie «=A1» geschrieben, aber im Feld darunter steht «A2, ...». Das gleiche passiert, wenn Sie zum Feld A5 gehen und **→Bearbeiten →Kopieren** wählen und zum Feld A6 gehen und dort **→Bearbeiten →Einfügen** wählen. Der Eintrag A1 war ein *relativer Bezug*, das heißt, geht man ein Feld nach unten, so wird dies beim Bezug berücksichtigt. Analoges gilt, wenn man nach rechts geht.

	A	B	C	D
1	1	4		
2	2	5		
3	3	6		
4				
5	1	4		
6	2	5		
7	3	6		

Wenn wir aber die Spaltenbezeichnung festhalten möchten, so geben wir im Feld A5 folgendes ein: «=$A1». Wenn wir jetzt wie oben vorgehen, so wird der Bezug zwar als relativ angesehen, wenn wir das Feld nach unten kopieren, d.h. ein Feld weiter unten steht dann «$A2». Aber wenn wir das Feld nach rechts kopieren, bleibt immer das A vorne stehen, das heißt, wir beziehen uns immer (*absolut*) auf die Spalte A.

	A	B	C	D
1	1	4		
2	2	5		
3	3	6		
4				
5	1	1		
6	2	2		
7	3	3		

Analog dazu können wir uns immer (absolut) auf die erste Zeile beziehen, wenn wir im Feld A5 folgendes eingeben: «=A$1».

	A	B	C	D
1	1	4		
2	2	5		
3	3	6		
4				
5	1	4		
6	1	4		
7	1	4		

Wollen wir aber uns immer absolut auf A1 beziehen, egal ob wir das Feld mit dem Bezug nach links, rechts, unten, oder oben kopieren, dann müssen wir in A5 eintragen: «=$A$1». Sie können auch «=A1» schreiben und dann die Taste F4 drücken, dann werden die Dollarzeichen automatisch gesetzt. Wenn Sie ein weiteres Mal F4 drücken, erhalten Sie «A$1», und nach nochmaligem Betätigen von F4 «$A1» etc. Nach dem Ziehen erhalten Sie dann das folgende Bild.

	A	B	C	D
1	1	4		
2	2	5		
3	3	6		
4				
5	1	1		
6	1	1		
7	1	1		

Dies gilt allgemein, wenn man in EXCEL eine Formel eingibt, die sich auf Zellen bezieht. Möchten Sie aber den Wert eines Feldes, in dem eine Formel steht, an eine Stelle kopieren, so daß *nur* der Wert übertragen wird und *nicht* die Formel, gemäß der sich der Wert errechnet, so können Sie auf das Feld klicken, in dem die Formel steht, und dann **→Bearbeiten →Kopieren** wählen. Danach gehen Sie zu dem Feld, wo der gewünschte Wert stehen soll, und wählen **→Bearbeiten →Inhalte einfügen**. Danach müssen Sie, wie im Bild unten zu sehen, auf **→Werte** klicken und dann **→OK**. Nun wird nur der Wert kopiert.

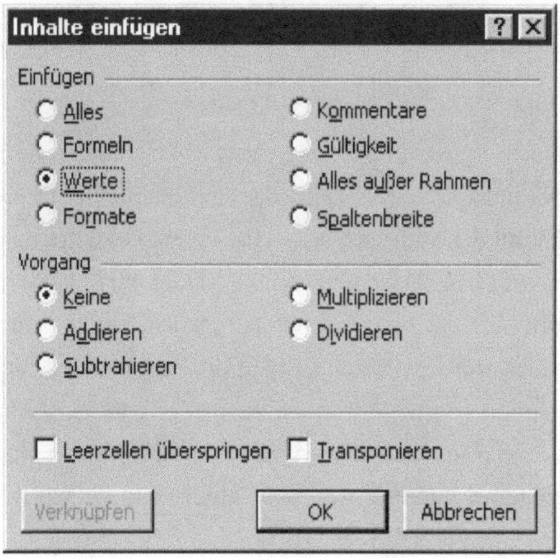

Das Ziehen eines Feldes mit der Maus, das wir oben beschrieben haben, können Sie verwenden, um eine arithmetische Folge fortzusetzen. Haben Sie z. B. die folgenden Werte in einer Tabelle stehen:

	A	B
1	1	
2	2	
3	3	
4		
5		
6		
7		
8		

und wollen die Zahlenfolge 1, 2, 3 ... fortsetzen, dann müssen Sie zunächst den Bereich von A1 bis A3 markieren. (A1 anklicken, mit gedrückter Maustaste bis A3 fahren). Gehen Sie nun mit der Maus auf die rechte untere Ecke des markierten Bereichs, bis das Kreuz dünn wird (+). Dann benutzen Sie wieder die linke Maustaste und halten diese gedrückt, wobei Sie die Maus nach unten ziehen, bis zu dem Feld, zu dem die Zahlenfolge fortgesetzt werden soll. Dann wird die Folge automatisch fortgesetzt. Die Abstände der Folgeglieder (hier 1) werden automatisch erkannt. Analog dazu könnte man auch einen anderen (äquidistanten) Abstand zwischen den Folgegliedern wählen. Hinweis für mathematisch Interessierte: Nichtäquidistante Folgen werden über die Lineare Regression errechnet und fortgesetzt.

	A	B
1	1	
2	2	
3	3	
4	4	
5	5	
6	6	
7	7	
8	8	

Wenn Sie in einem Tabellenblatt (sagen wir, in Tabelle2) eine Berechnung vornehmen, bei der Sie Werte von einem anderen Tabellenblatt benötigen (sagen wir, von Tabelle1), so brauchen Sie *externe* Bezüge. Diese kennzeichnet man durch den Tabellennamen, gefolgt von einem Ausrufezeichen. Am besten probieren Sie selbst folgendes Beispiel: Im Tabellenblatt «Tabelle1» tragen Sie in einer beliebigen Zelle (nehmen wir D1) einen Zahlenwert ein (nehmen wir 3,14). Dann wechseln Sie auf das Tabellenblatt «Tabelle2» und tragen dort in der Zelle A1 ein «=5*Tabelle1!D1». Sie erhalten 15,7 als Ergebnis. Das Programm hat den Zahlenwert 3,14 von Tabelle1, der dort in D1 steht, benutzt, um in Tablelle2 das Fünffache zu berechnen.

Der Bezug ist extern, das heißt, er ist nicht auf das aktive Arbeitsblatt (hier Tabelle2) gerichtet.

Hinweis: Haben Sie sich bei der Eingabe vertippt, zum Beispiel «=5.Tabelle1!» geschrieben, so erscheint eine Fehlermeldung. Nach Betätigung des →**OK**-Buttons ist die fehlerhafte Eingabe markiert und kann mit der Entf[ernen]-Taste gelöscht werden.

Sie können sich auch auf eine andere Arbeitsmappe beziehen. Dann werden Sie nach jedem Öffnen der Datei gefragt, ob Sie die externen Bezüge aktualisieren lassen möchten. Allerdings darf dann die Mappe nicht verschoben werden. Ein solcher Bezug sieht so aus: «='Verzeichnisname[Arbeitsmappen-Name]Tabelle1'!A1».

Beispiel: Die EXCEL-Arbeitsmappe mit dem Namen Mappe2.xls enthalte in Zelle B1 der Tabelle1 die Zahl 7 und sei im Verzeichnis «C:\Eigene Dateien» der Festplatte gespeichert. Wie man speichert, erfahren Sie in einem eigenen Abschitt in diesem Kapitel. Wenn Sie nun eine andere EXCEL-Datei öffnen, zum Beispiel Mappe1.xls, dann können Sie in dieser auf die Zellen (hier B2) der Mappe2 zugreifen. Schreiben Sie beispielsweise in die Zelle A1 von Mappe1 (siehe auch nächstes Bild):

='C:\Eigene Dateien\[Mappe2.xls]Tabelle1'!$B$1

Nach Betätigung der Enter-Taste wird der Wert 7 aus der Zelle B1 von Mappe2 in die Zelle A1 von Mappe1 übertragen.

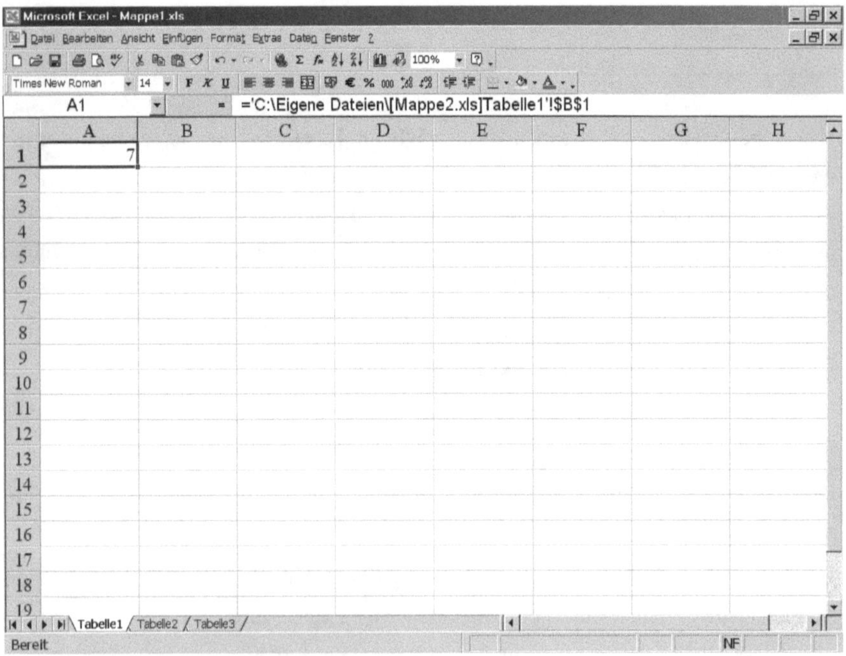

Schließlich wollen wir erwähnen, daß es auch eine andere Art von Bezug als den oben gezeigten sogenannten A1-Bezug zwischen den Zellen gibt: den Z1S1-Bezug. Sie können diesen einstellen, wenn Sie im Hauptmenü die Punkte **→Extras →Optionen**

→Allgemein und dort unter den Einstellungen die **→Z1S1-Bezugsart** anklicken. Dabei werden alle Bezüge relativ angezeigt. Ein Beispiel soll das deutlich machen: Unsere bisherige Bezeichnung für die Zelle A1 lautet hier Z1S1 (Zeile 1 Spalte1), denn die Spalten sind hier nicht mit Buchstaben, sondern ebenfalls mit Nummern versehen. Klicken Sie einige Zellen an und lesen Sie deren neue Bezeichnungen im Namenfeld ab. Wenn Sie nun in Z1S1 (früher A1) ein Gleichheitszeichen eingeben und dann zum Beispiel auf die frühere Zelle B4 klicken, so steht in Zelle Z1S1 nun der Bezug Z(3)S(1), denn Sie beziehen sich auf die Zelle, die relativ zur Eingabezelle um drei Zeilen weiter unten und 1 Spalte rechts liegt (nach rechts und nach unten wird aufsteigend gezählt).

Wir gehen hier jedoch nicht weiter auf diese Bezugsart ein, da hiermit die Formeln unübersichtlicher werden. Machen Sie deshalb über die Punkte **→Extras →Optionen →Allgemein** und dort unter den Einstellungen die **→Z1S1-Bezugsart** wieder rückgängig. Wir verwenden ab jetzt nur die Bezugsart A1.

1.3 Zellen formatieren

Zellen und ihre Inhalte können Ihren Wünschen entsprechend formatiert werden. Klikken Sie dazu beispielsweise mit der rechten Maustaste auf die Zelle A1 des Tabellenblattes «Tabelle1» und wählen Sie aus dem eingeblendeten Pull-down-Menü den Punkt **→Zellen formatieren** aus (oder über das Hauptmenü unter der Titelleiste von EXCEL : **→Format →Zellen**). Sie erhalten das folgende Menü:

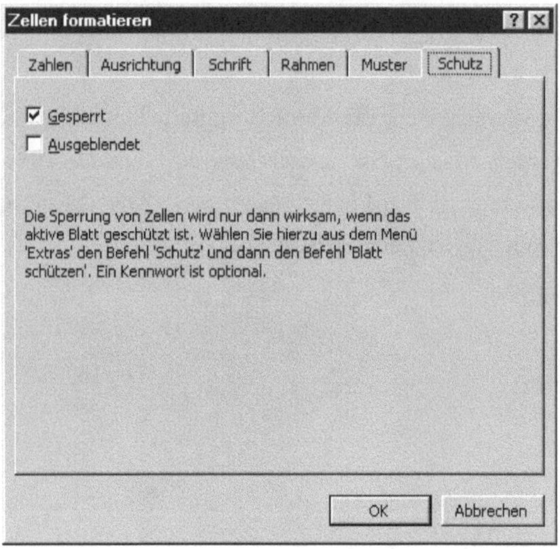

Wie Sie sehen können, haben Sie eine Reihe von Möglichkeiten zur Formatierung von Zellen. Wir werden sie der Reihe nach kennenlernen.

Beginnen wir mit der Festlegung von Zahlenformaten. Wählen Sie also oben links **→Zahlen**. Wie Sie erkennen können, ist hier das Format «Standard» voreingestellt. Wenn Sie hier «Zahl» wählen, dann können Sie die Anzahl der Nachkommastellen einstellen, die angezeigt werden sollen. Es sei aber bemerkt, daß dies nur die Anzeige der Zahlen und nicht die interne Rechengenauigkeit betrifft. Sofern Sie auch die Rechengenauigkeit auf eine vorgegebene Anzahl Stellen begrenzen möchten, müßten Sie die Runden–Funktion verwenden. Funktionen und deren Anwendung werden wir später in einem eigenen Abschnitt beschreiben.

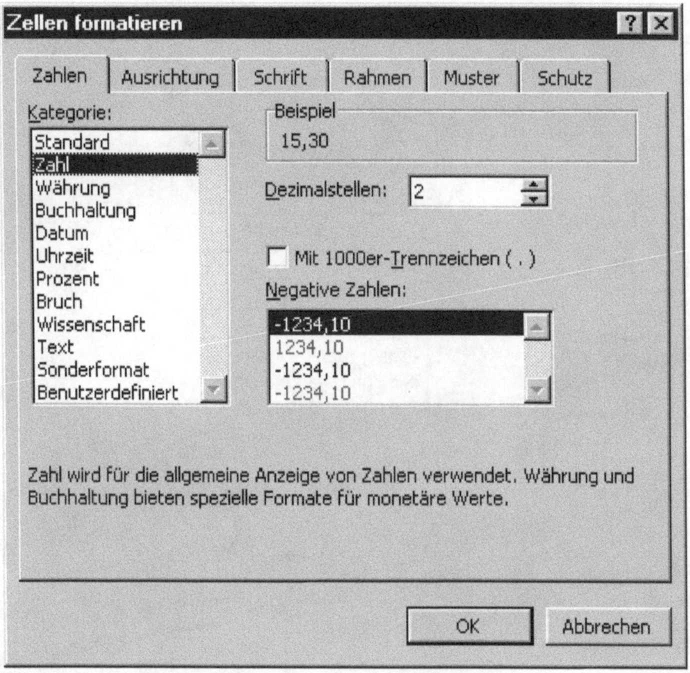

Wenn Sie «Währung» wählen, können Sie die Zahlen immer mit der Endung «DM» anzeigen lassen. Bei der Eingabe des Betrags müssen Sie aber nur die Zahl (ohne DM) in der Zelle eingeben. Auch das Euro-Symbol für die Währung ist ab der Version EXCEL 2000 verfügbar.

Sie können aber auch ein benutzerdefiniertes Format einstellen. Wenn Sie dann, wie unten zu sehen ist, z. B. vier Nullen und danach einen Text in Anführungsstrichen eingeben, so erscheint jede Zahl mit vier Stellen (incl. führender Nullen) und dem Text. Dies hat den Vorteil, daß Sie in die so formatierte Zelle nur die Zahl eingeben müssen, und der Text wird selbst angehängt. Außerdem können Sie mit dieser Zahl rechnen. Dies ginge nicht, wenn man einfach in eine Zelle zum Beispiel «5 Astronomische Einheiten» schriebe , da diese Zelle dann als Text formatiert würde.

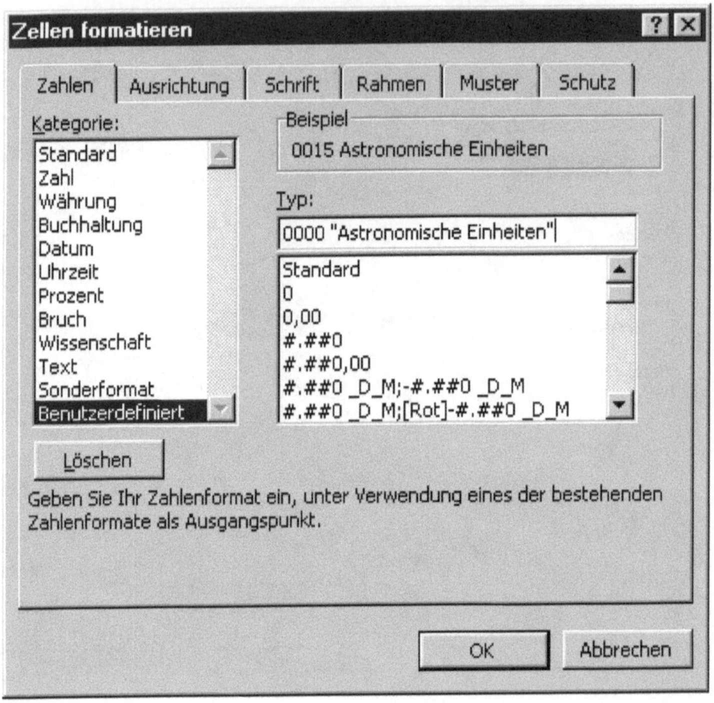

Nachdem Sie ein Format gewählt haben, klicken Sie auf →**OK**. Haben Sie eine Zelle formatiert, so können Sie auch deren Format auf andere Zellen übertragen. Hierzu müssen Sie lediglich die Zelle(n) markieren, deren Format Sie übertragen möchten, danach in der Symbolleiste auf das Symbol mit dem Pinsel klicken und dann die Zelle(n) markieren, auf die das das gewünschte Format übertragen werden soll.

Hinweis: Ist die Symbolleiste «Standard» nicht auf Ihrem Bildschirm zu sehen, können Sie deren Anzeige über die Menüpunkte →**Ansicht** →**Symbolleiste** →**Standard** aktivieren.

Allgemein können Sie aber auch mehrere Zellen bzw. eine ganzen Bereich formatieren, Sie müssen diesen nur zuvor markieren.

Beispiel: Eine Rechnung wird erstellt

Geben Sie die Texte gemäß dem nächsten Bild in die Spalten A und B ein. Bevor wir die Rechnungsbeträge eingeben, wollen wir die Formatierung des Bereichs C1:C6 vornehmen: Markieren Sie diesen Bereich mit gedrückter linker Maustaste und wählen Sie dann mit der rechten Maustaste →**Zellen formatieren**. Sie erhalten das oben schon gezeigte Fenster, aus dem Sie →**Zahlen** und →**Währung** →**OK** auswählen.

	A	B	C
1		Rechnung	
2			
3	Zement		350,00 DM
4	Farbe		200,00 DM
5			
6	Summe		550,00 DM

Dann tragen Sie die beiden Zahlenwerte **350** und **200** in die Zellen C3 und C4 ein. Die Summe lassen wir uns von EXCEL berechnen. Gehen Sie dazu in die Zelle, in der das gewünschte Ergebnis (hier die Summe) stehen soll (hier in **C6**). Dann klicken Sie das Summenzeichen **Σ** (das griechische große Sigma steht in der Mathematik für die Summe) in der Standard-Ansichtsleiste unter der Hauptmenüleiste an und wählen den zu summierenden Bereich (hier: **C3:C4** – «:» steht für «bis») durch Überfahren dieses Bereichs mit gedrückter Maustaste oder durch explizite Eingabe von C3:C4. Dann drücken Sie die Enter-Taste, und die Summe erscheint in unserem ausgewählten Summenfeld. Über die Summenfunktion erfahren Sie später noch mehr.

Wenn Sie mehrere Zellen markieren, so wird ganz unten in der sogenannten Statusleiste (siehe nächstes Bild) immer die Summe über die Werte in den Feldern angezeigt, sofern es sich um Zahlenfelder handelt. Ist diese Statusleiste bei Ihrem Rechner nicht zu sehen, so können Sie diese mit der Menüfolge →**Extras** →**Optionen** →**Ansicht** →**Statusleiste** aktivieren.

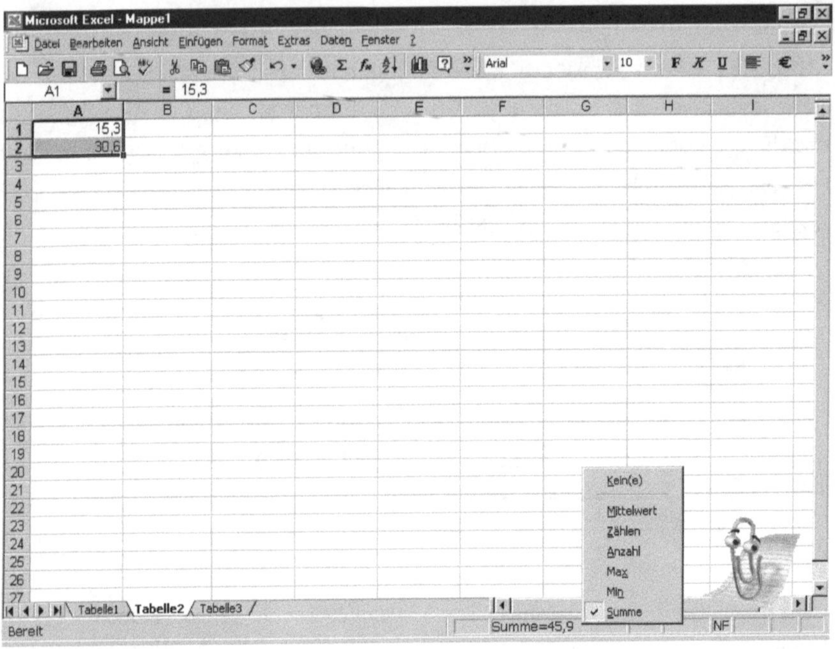

Wenn Sie mit der rechten Maustaste in die Statusleiste an die Stelle klicken, wo «Summe =...» erscheint, so sehen Sie ein Menü. Hier können Sie nun einstellen, daß z. B. der Mittelwert oder das Maximum der Zahlen in den markierten Zellen in dem Feld auf der Statusleiste angezeigt wird. Sie können übrigens auch unzusammenhängende Zellen markieren. Sie müssen dazu nur die Strg-Taste gedrückt halten und dann nacheinander bestimmte Bereiche und Zellen markieren.

1.4 Markieren von Zeilen, Spalten und Tabellen

Sie können eine Zeile komplett markieren, indem Sie links auf die entsprechende Zeilennummer klicken. Die Markierung verschwindet wieder, wenn Sie auf eine beliebige ander Zelle in einer anderen Zeile klicken. Analog dazu können Sie auch eine Spalte markieren, wenn Sie auf den Buchstaben der Spalte klicken. Wollen Sie mehrere Spalten markieren, so müssen Sie die linke Maustaste gedrückt halten und die Maus nach links oder rechts ziehen. Wollen Sie mehrere unzusammenhängende Spalten markieren, so müssen Sie nach dem Markieren der ersten Spalte die Strg-Taste gedrückt halten und dann die nächste Spalte markieren. Gleiches gilt für die Zeilen. Falls Sie das komplette Tabellenblatt markieren möchten, so müssen Sie oben links auf das graue Rechteck klicken, das sich an der Stelle befindet, wo sich die grauen Leisten der Zeilennumerierung und der Spaltenüberschriften kreuzen.

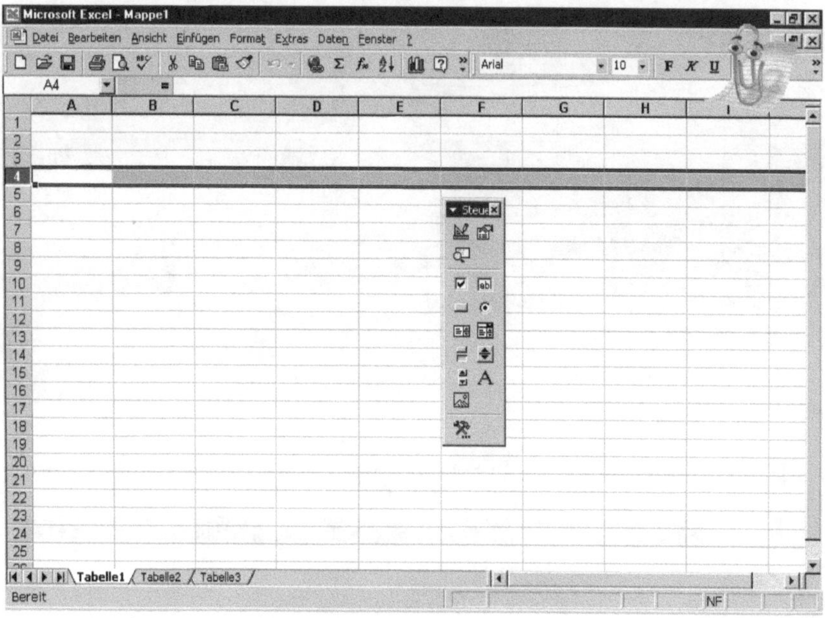

1.5 Spalten und Zeilen löschen oder verschieben

Möchten Sie den Inhalt einer Spalte oder einer Zeile löschen, so müssen Sie diese markieren und danach **→Bearbeiten →Löschen →Alles** wählen. Sie können auch nur den Inhalt oder nur das Format löschen. Soll aber die komplette Zeile entfernt werden, so müssen Sie **→Bearbeiten →Zellen löschen** wählen.

Wollen Sie dagegen eine Zeile oder Spalte oder einen Bereich, den Sie markiert haben, verschieben, so können Sie mit der Maus an eine Stelle der seitlichen Markierung fahren (der Mauszeiger wird dann von einem dicken Plus zu einem Pfeil). Nun müssen Sie die linke Maustaste drücken und gedrückt halten, während Sie mit der Maus an die gewünschte Stelle fahren. Sie könnten aber auch nach der Markierung **→Bearbeiten →Ausschneiden** und dann, nachdem Sie an die Stelle gefahren sind, an der Sie das Markierte einfügen möchten, **→Bearbeiten →Einfügen** wählen.

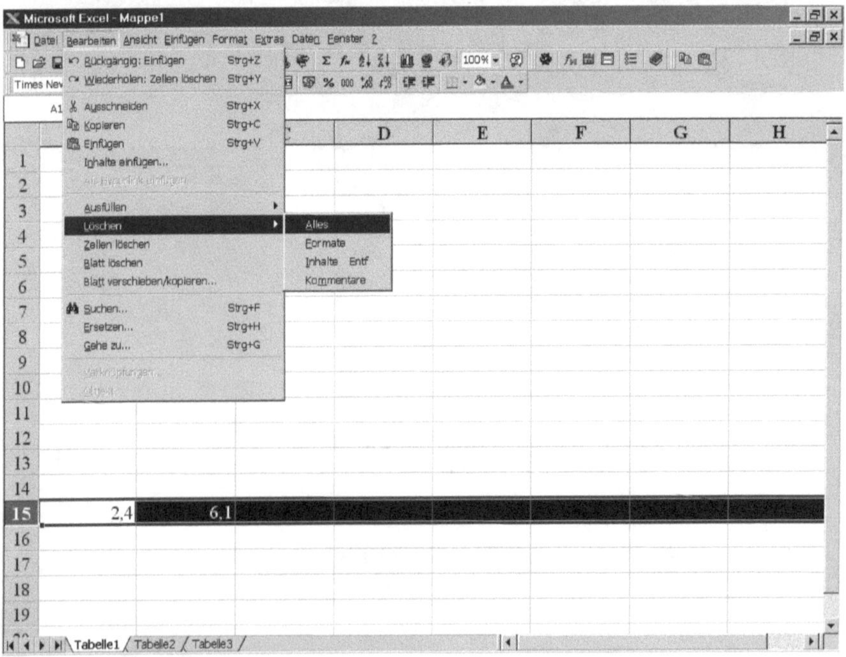

1.6 Rahmen und Schattierungen

Sie haben die Möglichkeit, einen Bereich, den Sie zuvor markiert haben, einzurahmen. Dazu müssen Sie nach der Markierung des Bereiches mit der Maus auf diesen fahren und danach die rechte Maustaste drücken. Hier öffnet sich ein Menü, in dem Sie **→Zellen formatieren** wählen müssen. Oder Sie wählen **→Format →Zellen** im Hauptmenü. Wählen Sie dann in dem Menü (siehe unten) **→Rahmen**. Hier können Sie nun z. B. um die Markierung einen dicken Rahmen legen (auf **→Außen** klicken). Sie können aber auch im Inneren um jede Zelle einen dünnen Rahmen legen (**→Innen**). Im unteren Bild sehen Sie dann die Art des gewählten Rahmens. Wenn Sie an einer Seite die Rahmenlinie ändern möchten, so müssen Sie die gewünschte Rahmenart wählen und dann im linken weißen Feld (siehe nächstes Bild) diese Stelle anklicken. Auch die Rahmenfarbe können Sie in dem Feld **→Farbe** wählen.

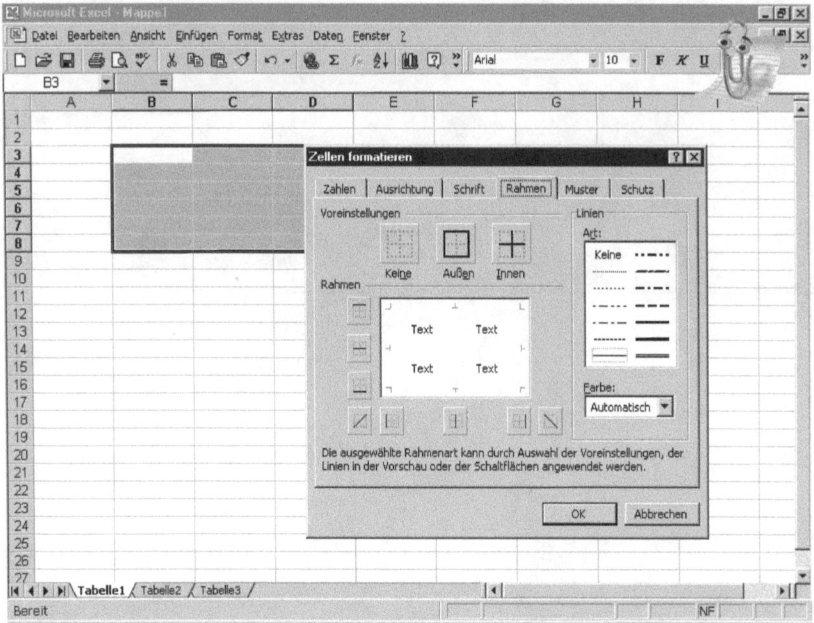

Sie können auch die Füllfarbe wählen, wenn Sie auf →**Muster** klicken:

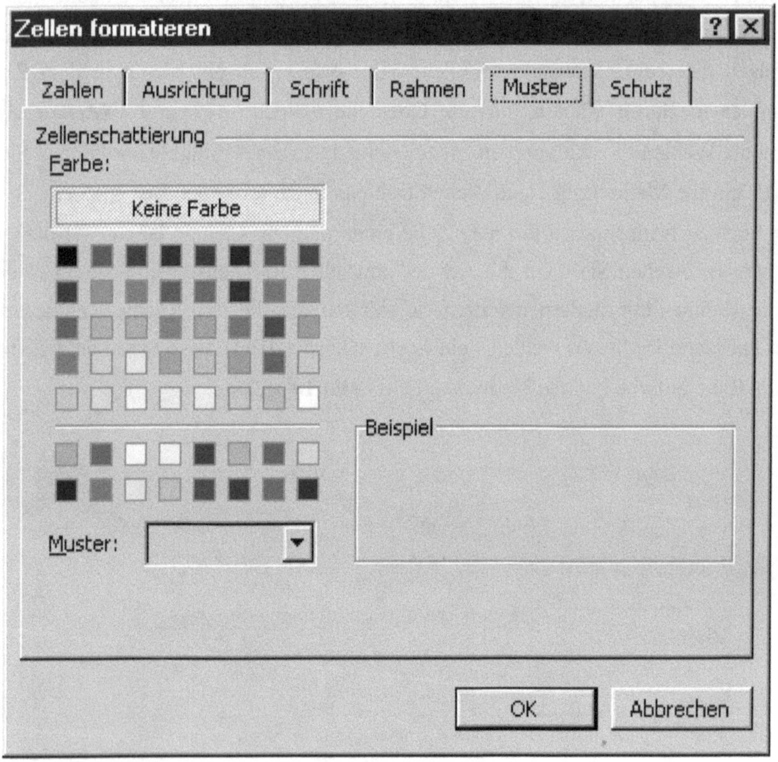

1.7 Listenfeld, Kombinationsfeld und Schaltfläche

Wenn Sie **→Ansicht →Symbolleiste →Formular** im Hauptmenü wählen, so erscheint die Formular-Box:

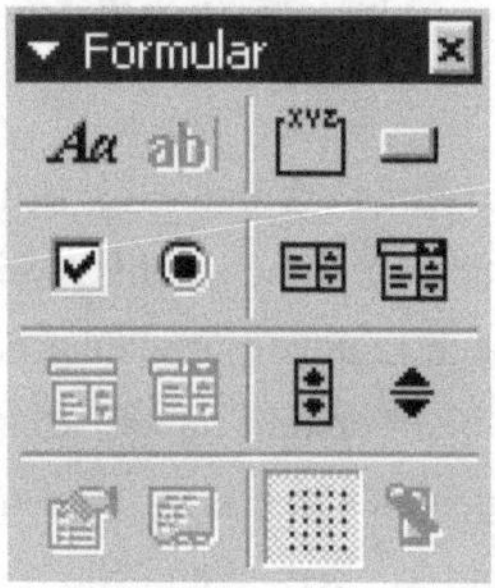

Beachten Sie bitte, daß dieses Fenster durch Ziehen der Seitenränder in anderer Anordnung dargestellt werden kann. Die folgenden Angaben zur Position einzelner Elemente beziehen sich daher auf das abgebildete Fenster mit 4x4 Symbolen.

Sie haben bei der Formular-Box nun eine Reihe von Möglichkeiten, von denen wir die wichtigsten vorstellen. Sie können z. B. eine Schaltfläche erstellen, indem Sie auf das Symbol für die Schaltfläche (hier in der ersten Zeile und letzten Spalte) klicken. Wenn Sie mit der Maus auf dieses fahren, so wird das Namenfeld «Schaltfläche» angezeigt. Schaltflächen sind quasi die Startknöpfe für eine Aktion von EXCEL, die Sie selber festlegen. Sie müssen nun auf das Tabellenblatt klicken, die linke Maustaste gedrückt halten und die Schaltfläche auf die gewünschte Größe ziehen. Danach werden Sie nach dem «Makronamen» gefragt. Makros werden Sie im 5. Kapitel kennenlernen. Es reicht für den Augenblick zu wissen, daß Makros kleine Programme darstellen, die der Benutzer selbst schreiben kann, um eine Folge von Aktionen (z. B. Berechnungen) automatisiert in EXCEL ablaufen zu lassen. Diese werden hier mit der Schaltfläche verknüpft, so daß beim Klicken auf die Schaltfläche das Makro gestartet wird. Aber dazu später mehr im Kapitel über Makros. Sie sollten hier nun **→OK** wählen. Danach können Sie auf die Schaltfläche klicken, um die Beschriftung («Label») zu ändern. Wenn

Sie dann auf das Tabellenblatt klicken, so ist die Schaltfläche aktiv, das heißt, sie ist bereit, eine Wirkung hervorzurufen, sobald Sie angeklickt wird und mit einem Makro verknüpft ist. Sie können sie aber auch jederzeit anders formatieren (z. B. ihre Größe verändern), indem Sie auf sie mit der rechten Maustaste klicken und im dann erscheinenden Kontextmenü eine entsprechende Auswahl treffen. Auf diese Weise können Sie Schaltflächen auch ausschneiden oder verschieben.

Wir möchten nun ein anderes Feld der Formular-Box kennenlernen: das Kombinationsfeld. Dazu müssen Sie auf das dritte Symbol in der zweiten Zeile klicken und dann auf das Tabellenblatt klicken. Danach können Sie wieder das Feld auf die gewünschte Größe ziehen. Nachdem Sie das Objekt erstellt haben, können Sie, wie unten im Fenster zu sehen, 4 Artikel als Beispieldaten erfassen. Nun müssen Sie mit der rechten Maustaste auf das Kombinationsfeld klicken. Wenn Sie dieses jetzt noch verschieben oder vergrößern möchten, so müssen Sie nach dem Klicken mit der rechten Maustaste die Esc-Taste drücken. Nun sind die Ränder des Feldes markiert. Jetzt können Sie auf dieses mit der Maus fahren und die linke Maustaste drücken, während Sie es verschieben. Analog dazu können Sie, falls Sie auf die Ränder klicken, das Feld vergrößern oder verkleinern. Die Markierung verschwindet, wenn Sie auf das Tabellenblatt klikken.

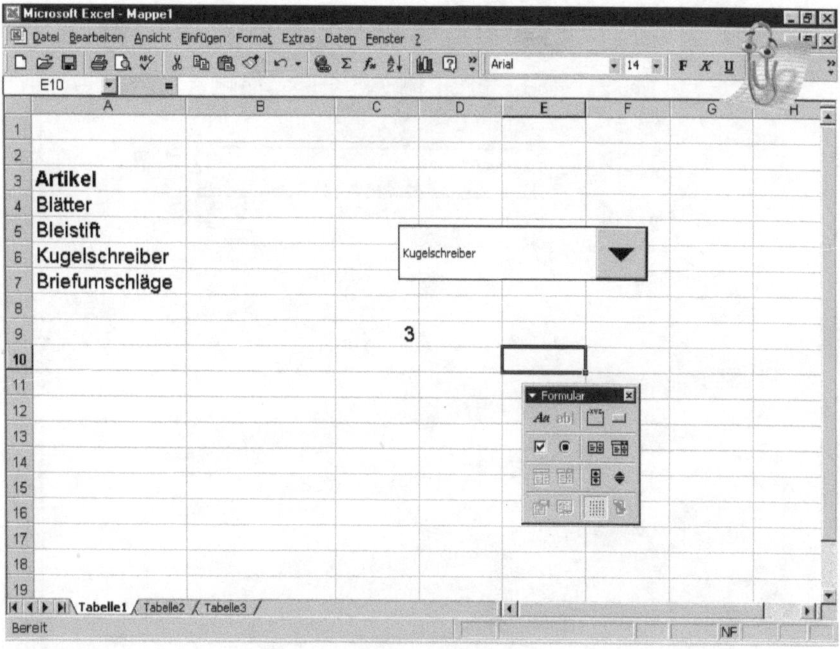

Wir möchten aber dieses Feld nun formatieren und wählen deshalb im Menü, das sich auftut, wenn Sie mit der rechten Maustaste auf das Objekt klicken, **→Steuerelement formatieren**. Wählen Sie nun **→Steuerung** (wie unten zu sehen). Als Eingabebereich wählen Sie den Bereich, in dem die Daten stehen. Als Zellverknüpfung müssen Sie nun ein Feld außerhalb des Bereichs wählen (wir haben C9 gewählt). Sie können jeweils in das Feld (z. B. Eingabebereich) klicken und dann mit der Maus den Bereich (hier A4:A7) markieren. Danach klicken Sie auf **→OK**. Nun können Sie auf den rechten Pfeil des Kombinationsfeldes klicken und einen Artikel auswählen. Wenn Sie diesen ausgewählt haben, so erscheint in der Zelle C9, welche wir als Zellverknüpfung gewählt haben, eine 1, falls wir den ersten Artikel gewählt haben, eine 2, wenn wir den zweiten Artikel gewählt haben etc.

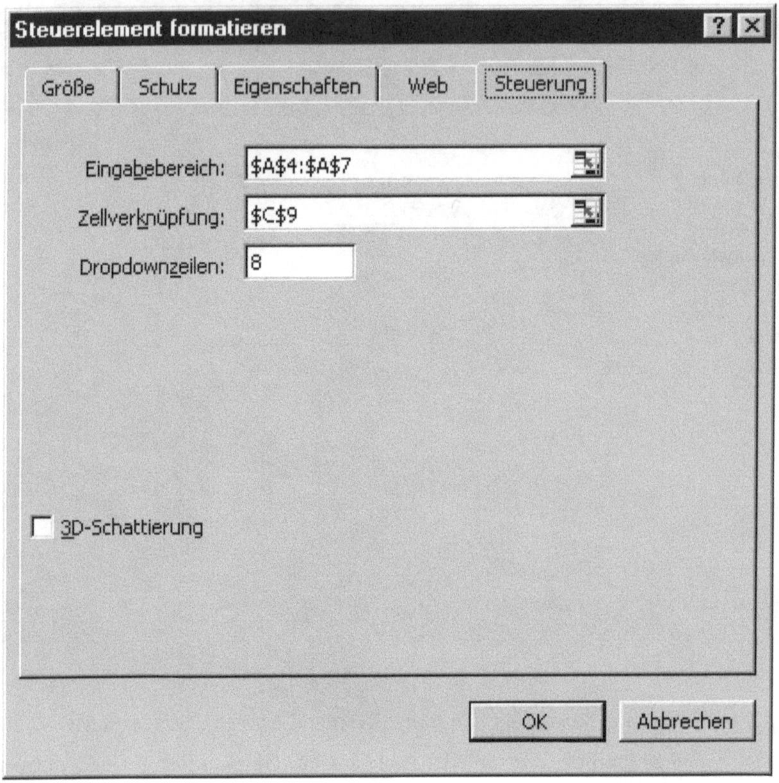

Sie können dieses Objekt ebenfalls mit einem Makro verknüpfen (vergleiche Kapitel 5). Wollen Sie die eben erstellten Objekte wieder entfernen, so genügt es, sie mit der rechten Maustaste zu markieren und dann →**Ausschneiden** zu wählen

1.8 Schutz von Zellen oder Bereichen

Wenn Sie einen Bereich markieren und dann mit der rechten Maustaste auf diesen klicken, so können Sie in dem dann erscheinenden Kontextmenü **→Zellen formatieren** wählen und dann auf **→Schutz** klicken. Wie sie sehen, ist die Option «Gesperrt» aktiviert, das heißt, in diesen Bereich kann später nichts eingetragen werden. Die Sperrung wird aber erst aktiv, wenn wir das ganze Tabellenblatt geschützt haben. Wenn Sie den Bereich auch nach dem Schutz ungesperrt lassen möchten (z. B. weil der Benutzer Ihrer EXCEL-Anwendung hier eine Eingabe machen darf), so können Sie die Option deaktivieren (der Haken verschwindet). Sie können nun das Blatt schützen, indem Sie **→Extras →Schutz →Blatt** wählen. Danach müssen Sie ein Paßwort angeben und dieses bestätigen. Nun können Sie keine Zelle mehr verändern, bis auf diejenigen, die Sie entsprechend als nicht gesperrt definiert haben. Den Schutz können Sie wieder aufheben mit **→Extras →Schutz →Blattschutz aufheben**. Hier werden Sie wieder nach dem Kennwort gefragt.

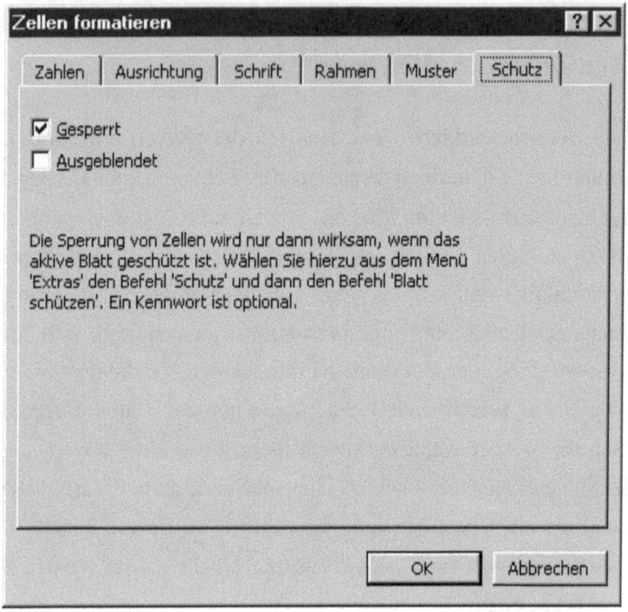
Zellen formatieren
Zahlen
Ausrichtung
Schrift
Rahmen
Muster
Schutz
Gesperrt
Ausgeblendet
Die Sperrung von Zellen wird nur dann wirksam, wenn das aktive Blatt geschützt ist. Wählen Sie hierzu aus dem Menü 'Extras' den Befehl 'Schutz' und dann den Befehl 'Blatt schützen'. Ein Kennwort ist optional.
OK
Abbrechen

1.9 Autofilter

Haben sie einen Datensatz in EXCEL erfasst, z. B. die Angaben zu mehreren Personen wie Geschlecht, Alter etc., so können Sie diesen nach bestimmten Kriterien filtern. Wir könnten z. B. nur die weiblichen Personen auswählen. Wir beziehen uns auf die folgenden Beispieldaten.

	A	B
1	Geschlecht	Alter
2	w	15
3	w	28
4	m	15
5	w	17
6	w	22
7	m	21
8	m	20
9	w	24
10	m	16
11	w	15

Sie müssen nun die Überschriften Geschlecht und Alter markieren und dann **→Daten →Filter →Autofilter** wählen. Dann erscheint bei jeder Überschrift (Variablenname) ein Pfeil nach unten. Wenn Sie hier z. B. auf Geschlecht klicken, so können Sie «w» auswählen, womit Sie nur die Angaben der weiblichen Personen sehen. Sie können z. B. auch auf «Alter» klicken und dann **→Benutzerdefiniert** wählen.

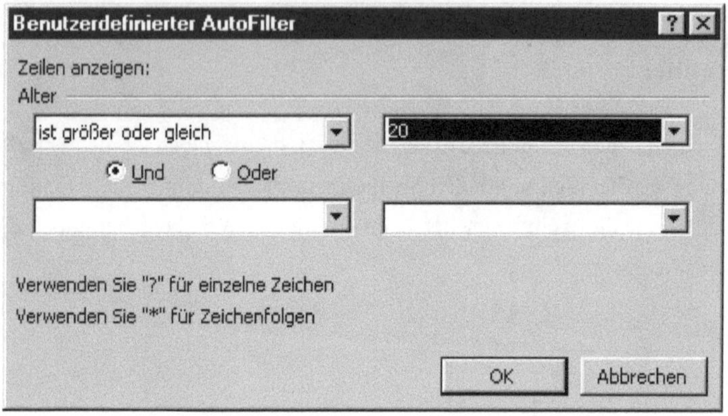

Wenn Sie die Angaben wie oben machen, wählen Sie nur die Personen aus, die mindestens 20 Jahre alt sind. Wenn Sie vorher nur die Frauen (w) ausgewählt haben, so erhalten Sie nun nur die Datensätze von Frauen mit diesem Mindestalter. Den Filter können Sie über die gleichen Schritte im Menü wieder deaktivieren.

1.10 Daten sortieren

Wir verwenden nun die Daten aus dem vorhergehenden Abschnitt. Sie müssen nur die Daten markieren (ohne Überschrift), die sortiert werden sollen, und dann →**Daten sortieren** wählen.

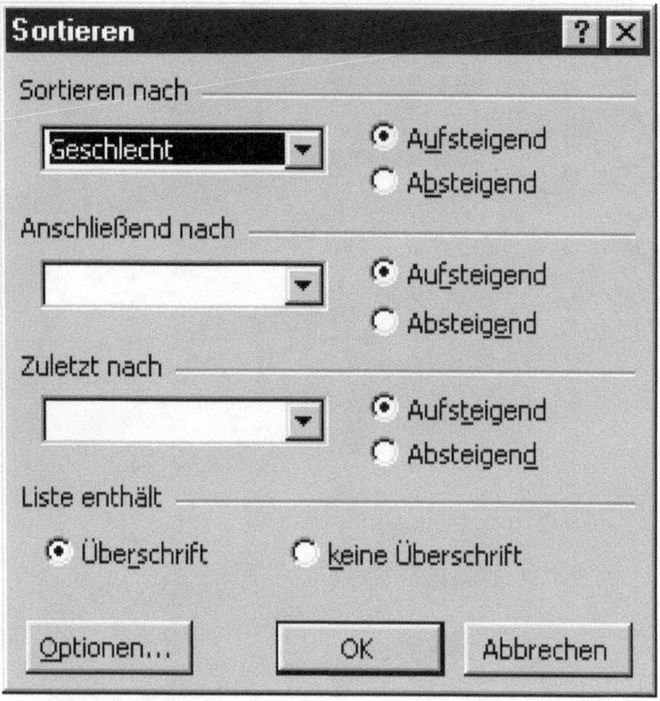

Hier können Sie nun nach dem Geschlecht, aufsteigend oder absteigend sortieren lassen. Sie können auch das Alter wählen. Zum schnellen Sortieren können Sie auch auf das Symbol in der Symbolleiste klicken (Symbol mit dem Buchstaben A über Z sortiert aufsteigend).

1.11 Funktionen

Betrachten wir zunächst noch einmal die Summenfunktion, die wir zuvor im Beispiel der Rechnungserstellung schon benutzt haben. Geben Sie in die Zellen A1 und A2 je eine Zahl ein, wie Sie es im nächsten Bild erkennen können. Markieren Sie zunächst die Zellen A1 und A2. Danach drücken Sie das Symbol mit dem Summenzeichen (Σ) in der Symbolleiste.

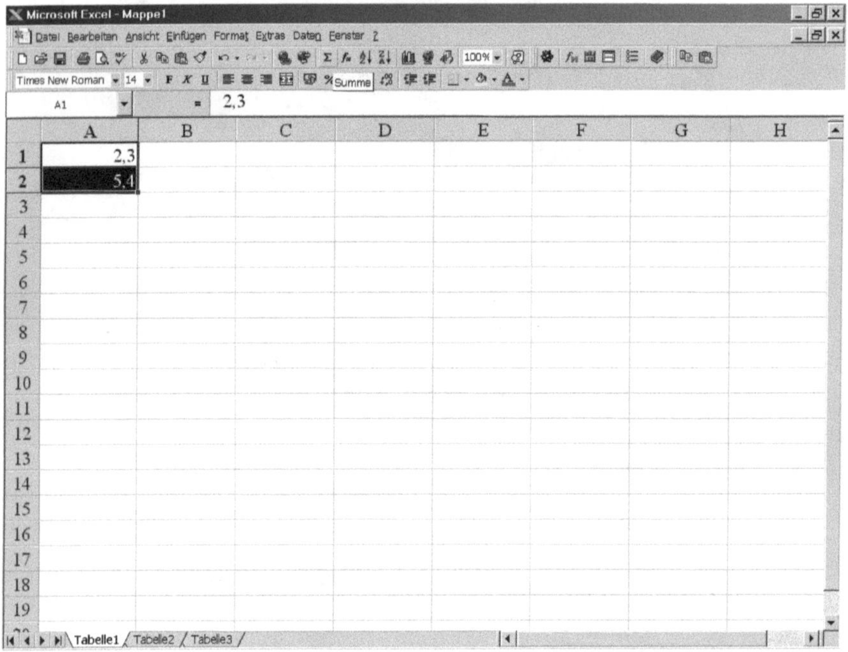

Sie erhalten nun im Feld A3 automatisch die Summe aus den Zahlen in den Feldern A1 und A2. Sobald Sie danach einen Wert der beiden Felder abändern, ändert sich entsprechend die Summe im Feld A3. Wenn Sie sich das Feld A3 ansehen, so steht dort die Formel

=Summe(A1:A2)

Das Wort «Summe» ist einer Funktion in EXCEL zugeordnet. Diese Funktion können Sie auch selbst eingeben. Möchten Sie zum Beispiel die Summe über die Felder A1, A2, B1, B2 im Feld A4 ausgeben (in B1 und B2 müssen Sie noch 2 Zahlen eingeben), so gehen Sie ins Feld A4 und geben dort die Formel «=Summe(A1:B3)» ein. Sie können auch «=Summe(» eingebenund dann den Bereich markieren, über den summiert werden soll; danach müssen Sie lediglich noch die Klammer schließen und die Eingabetaste drücken.

In EXCEL gibt es eine ganze Reihe von Funktionen, auf die wir in den nächsten Kapitel eingehen. Gehen Sie nun zur Zelle A5. Wir möchten uns zunächst einen Überblick über die Funktionen verschaffen, indem wir den Funktionsassistenten aufrufen. Dazu müssen Sie auf das Symbol f* in der Symbolleiste klicken oder **→Einfügen →Funktion** wählen. Dann erhalten Sie das folgende Menü:

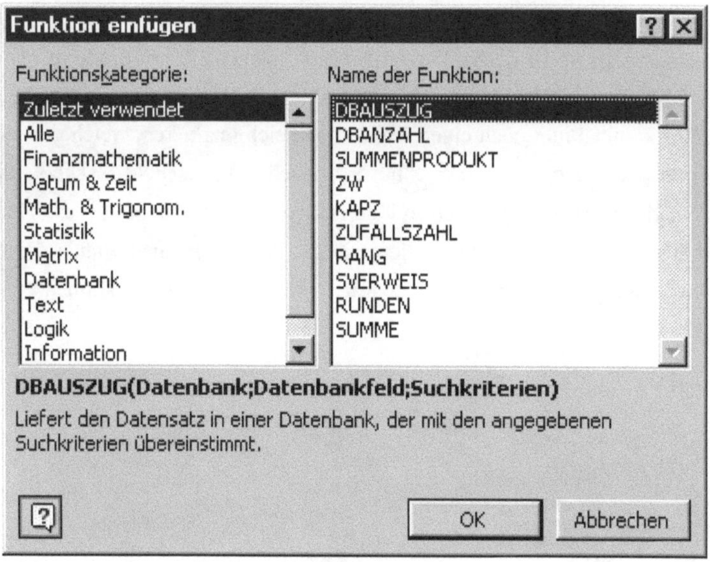

In dem Feld links unten sehen Sie das Hilfesymbol. Wenn Sie dieses anklicken, erhalten Sie eine Beschreibung der gewählten Funktion.

Wenn Sie im linken Feld «Funktionskategorie» auf **→Alle** klicken, so werden im Feld alle Funktionen angezeigt. Wählen Sie links z. B. **→Mittelwert** und dann unten **→OK**, so erhalten Sie das folgende Menü:

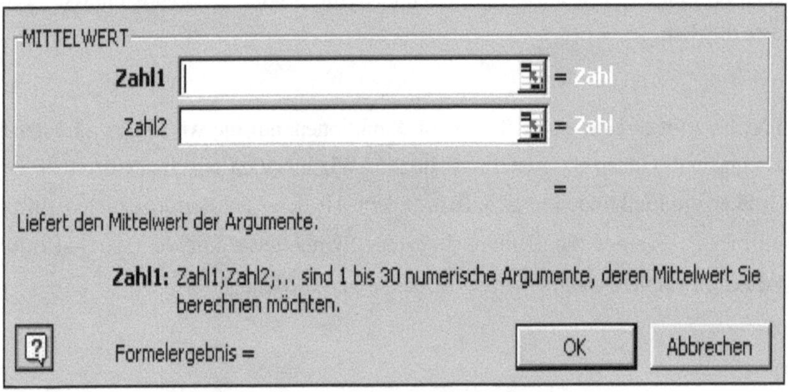

Wenn Sie sich jetzt im Feld «Zahl1» befinden, so können Sie mit der Maus einen Bereich in EXCEL markieren, z. B. A1 und A2. Danach erscheint im Feld «Zahl1» A1:A2. Wir könnten nun noch einen weiteren Bereich markieren, welcher in die Mittelwertbildung einbezogen wird, wenn wir zunächst in des Feld «Zahl2» klickten. Wählen Sie dann **→OK**. Nun steht im Feld A5, welches wir zuvor ausgewählt hatten, der Mittelwert der Zahlen in den Zellen A1 und A2. Sie können zudem die Formel «=Mittelwert(A1:A2)» sehen. Diese hätten wir auch direkt eingeben können.

1.12 Seiten einrichten und drucken

Bevor Sie eine Seite ausdrucken, empfiehlt es sich, diese zu formatieren. Dazu müssen Sie **→Datei →Seite einrichten** wählen, womit Sie das folgende Menü erhalten:

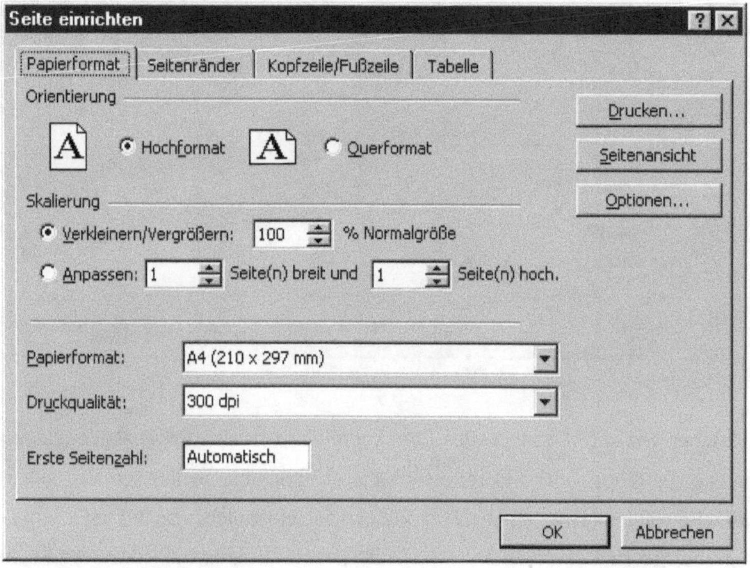

Sie können hier das Hoch- bzw. Querformat wählen, oder Sie können auch eine Seite verkleinern bzw. vergrößern, indem Sie im Feld Verkleinern-/Vergrößern die entsprechende Prozentzahl eintragen. Wenn Sie dann **→OK** wählen, bekommen Sie die Seitengrößen durch gestrichelte Linien angezeigt. Sie können zudem das gesamte Tabellenblatt auf einer Seite ausdrucken, falls Sie **→Anpassen** wählen. Entsprechend können Sie es auch auf einer Breite von zwei Seiten ausdrucken lassen. Wenn Sie **→Drucken** wählen, so können Sie das Tabellenblatt ausdrucken lassen. Oder Sie können es später drucken (**→Datei →Drucken**).

Wenn sie oben auf →**Seitenränder** klicken, erhalten Sie das folgende Menü:

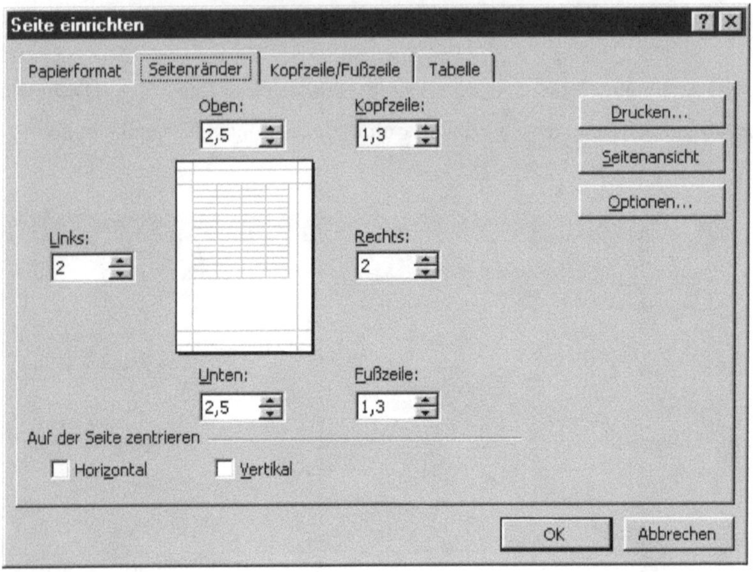

Hier können Sie die Abstände des Druckbereichs von den Papierrändern einstellen. Wenn Sie die Kopf- oder Fußzeile formatieren möchten, so müssen Sie →**Kopfzeile/Fußzeile** wählen (siehe unten). Hier können Sie einstellen, was auf jeder Kopf- bzw. Fußzeile ausgedruckt werden soll, z. B. die jeweilige Seitenzahl oder der Dokumentenname. Sie können auch →**Benutzerdefinierte Kopfzeile** wählen (siehe unten, 2. Bild). Dann können Sie z. B. einen Text angeben, der auf jeder Kopfzeile erscheinen soll. Hier können Sie auch zusätzlich die Seitenzahl (Symbol «#») oder das Datum mit ausdrucken lassen.

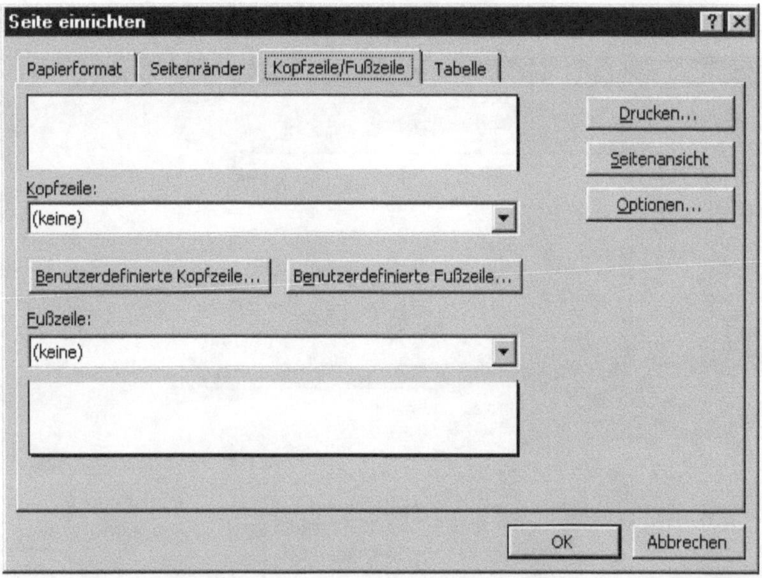

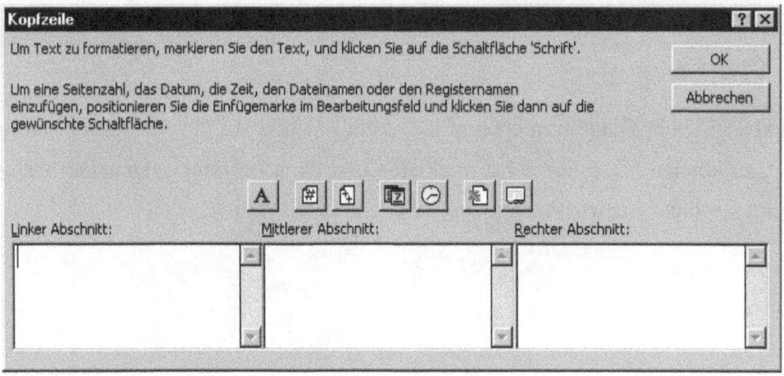

Wenn Sie →**Abbrechen** wählen, wird das Menü Kopfzeile wieder geschlossen. Nun können Sie noch →**Tabelle** wählen. Hier können Sie z. B. einstellen, ob die Zellenbegrenzungen mit ausgedruckt werden sollen (Gitternetzlinien) oder wie die Seitenreihenfolge beim Ausdrucken sein soll. Wenn Sie →**Seitenansicht** wählen, so können Sie sich die Seite ansehen, wie Sie ausgedruckt wird.

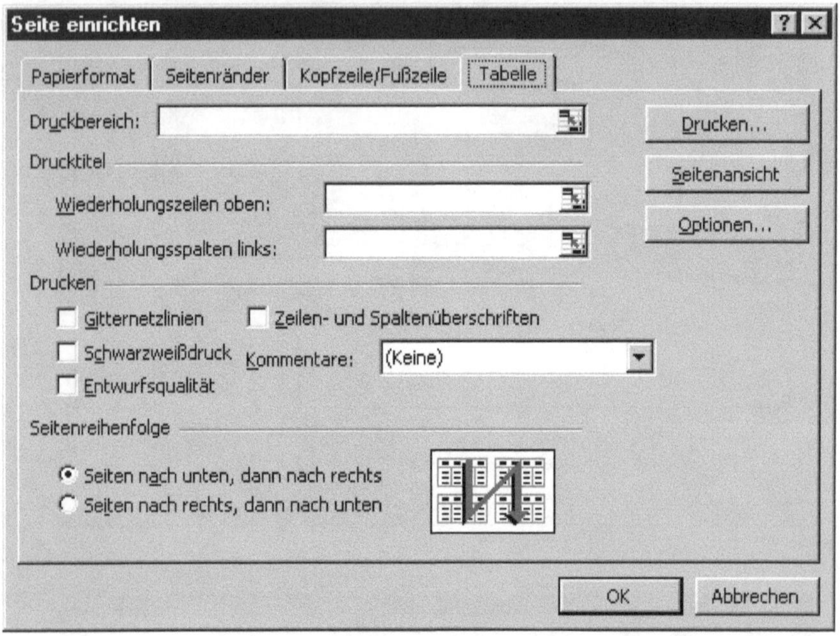

Tip: Haben Sie ein Diagramm erzeugt (s. Kapitel 2) und soll nur dieses ausgedruckt werden, so können Sie es zunächst markieren und dann **→Datei →Drucken** wählen. Nun wird nur dieses gedruckt, ohne die Tabelle im Hintergrund.

1.13 Speichern von EXCEL-Arbeitsmappen

Wenn Sie mit EXCEL arbeiten und das Ergebnis Ihrer Arbeit nicht beim Verlassen von EXCEL verlieren wollen, müssen Sie Ihre EXCEL-Arbeitsmappe als Datei auf einer Festplatte, einer Diskette oder einem sonstigen Datenträger speichern. Das selbe gilt, wenn Sie lange Programme schreiben und ab und zu Zwischenresultate sichern wollen, damit bei einem eventuellem Stromausfall oder Systemabsturz nicht viel Arbeit verloren geht. Zum Abspeichern gibt es zwei Menüpunkte unterhalb des Punktes **→Datei**:

→Speichern und **→Speichern unter**. Wir empfehlen immer letzteren, weil hier jedesmal rückgefragt wird, wohin abgespeichert wird, während bei ersterem Punkt immer auf die beim ersten Mal festgelegte Datei abgespeichert wird, was eventuell zu unerwünschten Überschreibungen von vorherigen Sicherungen führen kann.

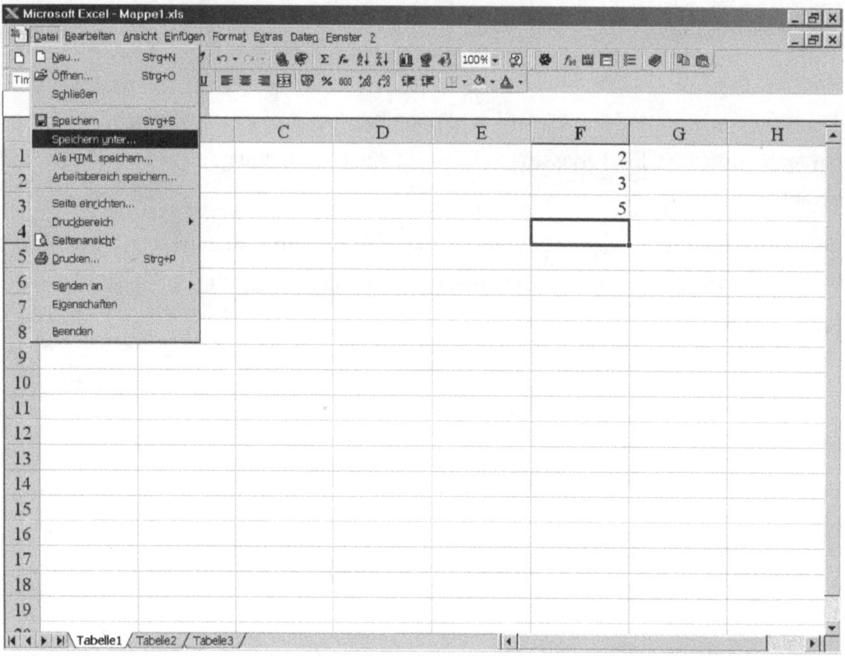

Vergeben Sie einen Namen (möglichst prägnant, damit Sie den Inhalt der Datei bereits am Namen erkennen können). Die Datei erhält automatisch die Extension .xls als Namenserweiterung für EXCEL-Dateien. Sie enthält Ihre aktuelle Arbeitsmappe mit allen Tabellenblättern, Makros etc.

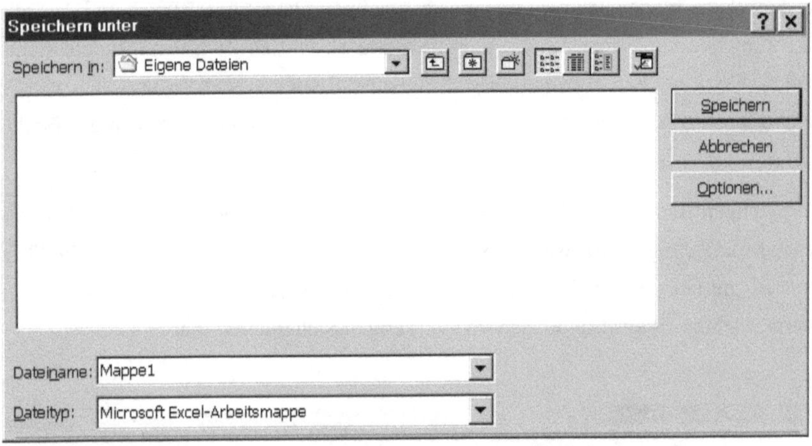

Nach der Namens- und Verzeichniswahl und dem Anklicken von **→Speichern** können Sie unbesorgt EXCEL verlassen und den Rechner ausschalten, denn Ihre Daten sind gesichert.

Wenn Sie nun beim nächsten Arbeiten mit EXCEL Ihre Programme wieder öffnen möchten, wählen Sie **→Datei →Öffnen** und laden damit die früher gespeicherte Datei wieder in Ihr EXCEL.

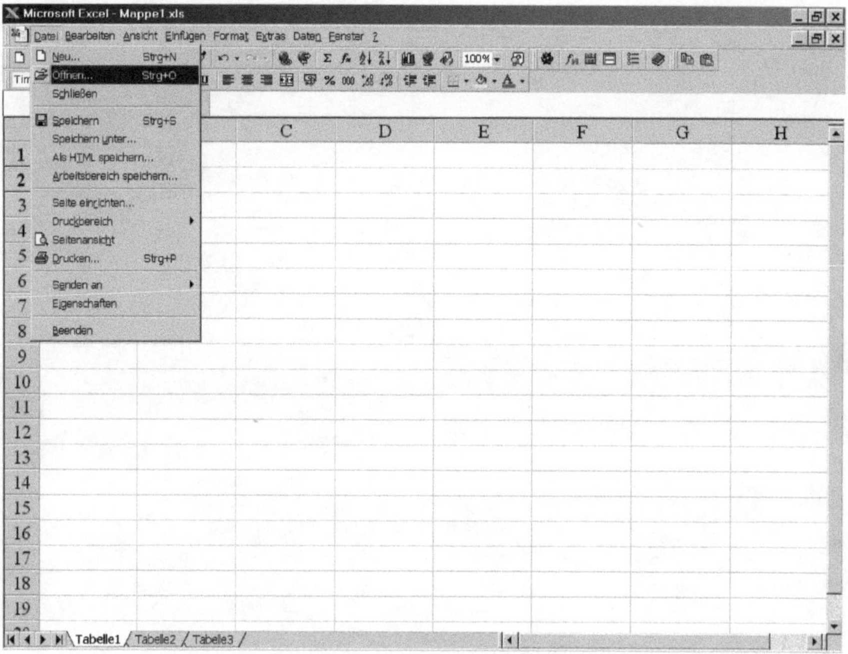
Microsoft Excel - Mappe1.xls
Datei Bearbeiten Ansicht Einfügen Format Extras Daten Fenster ?
Neu... Strg+N
Öffnen... Strg+O
Schließen
Speichern Strg+S
Speichern unter...
Als HTML speichern...
Arbeitsbereich speichern...
Seite einrichten...
Druckbereich
Seitenansicht
Drucken... Strg+P
Senden an
Eigenschaften
Beenden
100%
C D E F G H
1 2 3 4 5 6 7 8 9 10 11 12 13 14 15 16 17 18 19
Tabelle1 Tabelle2 Tabelle3

2 Grafiken

Wir wollen nun die wichtigsten grundlegenden Grafikmöglichkeiten von EXCEL kennenlernen. Die hier gezeigten Grafiken beruhen auf Daten, wie sie typischerweise mit Hilfe von Tabellen erfasst werden. Bei den Grafiken dieses Kapitels verwenden wir stets die nachfolgenden zwei Tabellen:

Tabelle A:

	Umsatz 1999	Umsatz 2000
Produkt A	80.000,00 €	83.000,00 €
Produkt B	50.000,00 €	59.000,00 €
Produkt C	75.000,00 €	76.000,00 €
Produkt D	30.000,00 €	45.000,00 €

Tabelle B:

Jahr	Mittlerer Umsatz	Std.-Abw.
1991	25.000,00 €	3000
1992	29.000,00 €	3100
1993	35.000,00 €	2900
1994	34.000,00 €	3050
1995	38.000,00 €	2980
1996	41.000,00 €	3100
1997	48.000,00 €	3060
1998	51.000,00 €	2980
1999	58.000,00 €	2990
2000	65.000,00 €	3070

Hinweis: Tabelle B enthält in der 3. Spalte die sogenannte Standardabweichung. Dies ist ein Maß für die Streuung (Die Werte haben eigentlich auch die Einheit €, worauf wir hier aber bei der Formatierung der Zellen verzichtet haben).

Sie können die einzelnen Tabellen (mit deren Überschrift) entweder jeweils zu Beginn eines Beispiels in Tabellenblatt 1 eingeben, oder Sie können beide Tabellen in ein Tabellenblatt schreiben und alles in einer EXCEL-Datei auf Festplatte speichern (vergleichen Sie dazu Kapitel 1). Die Datei können Sie beim Üben je nach Bedarf immer wieder zuladen.

2.1 Balkendiagramme

Wir möchten zunächst ein Säulen- bzw. Balkendiagramm erzeugen. Geben Sie also die Daten aus der zuvor gezeigten Tabelle A ein. Sie müssen dann die Tabelle A inklusive der Überschrift markieren und auf das Symbol für den Diagrammassistenten (ein stilisiertes Säulendiagramm)

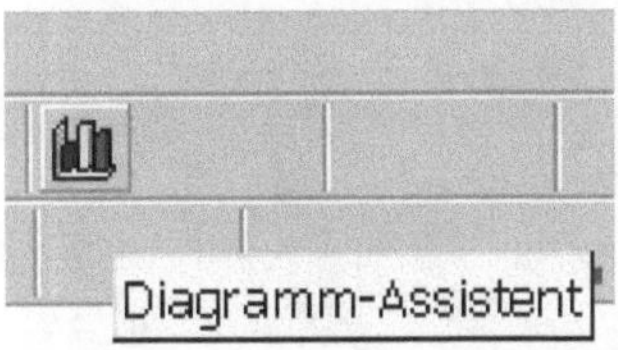

in der Symbolleiste klicken (oder **→Einfügen →Diagramm** in der Hauptmenüleiste). Sie erhalten nun das folgende Menü:

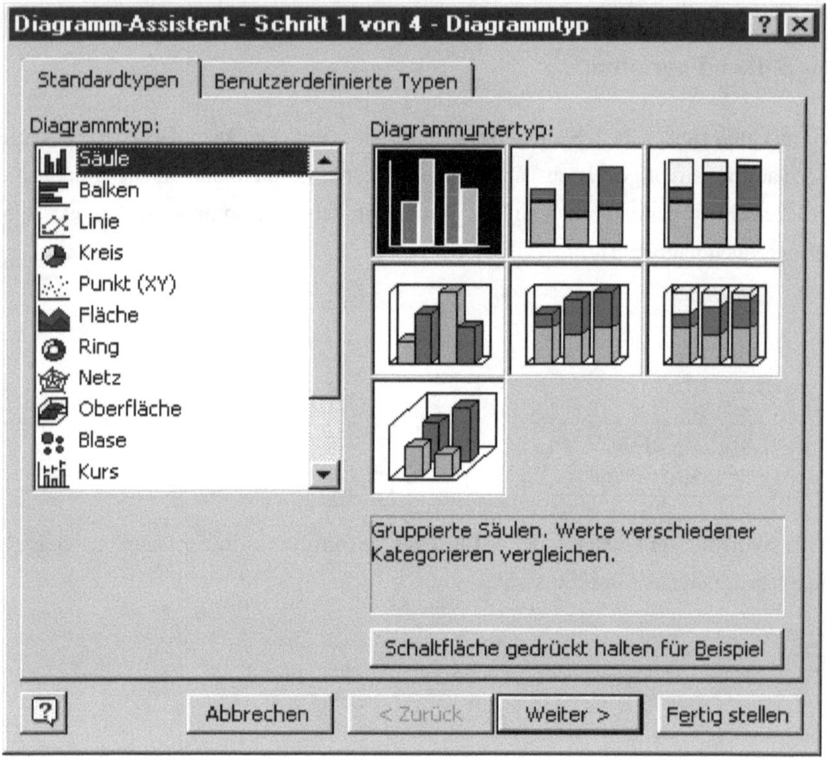

Wählen Sie als Diagrammtyp →**Säulen** und als Diagrammuntertyp das im Bild schwarz hinterlegte erste Diagramm der Auswahl. Wählen Sie dann →**Weiter** →**Weiter.**

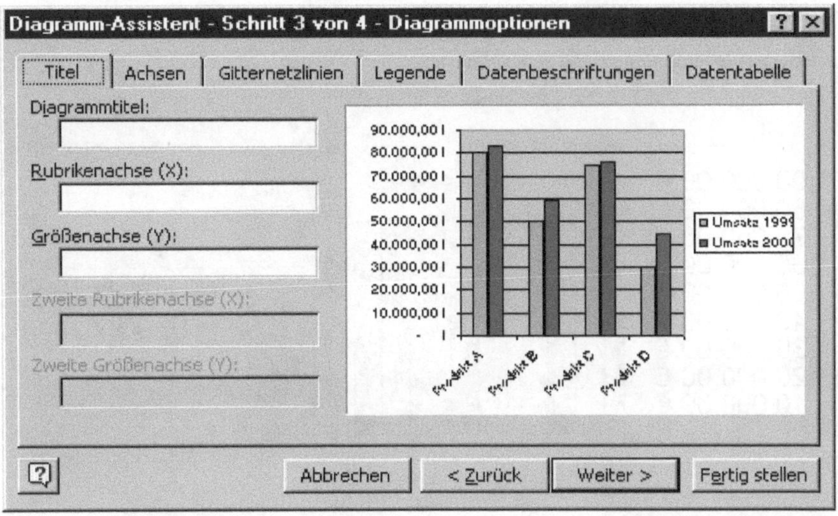

Die oben gezeigten Diagrammoptionen ermöglichen Ihnen eine Beschriftung der Achsen und des gesamten Diagramms. Wählen Sie nach der Eingabe geeigneter Beschriftungen in die weißen Felder schließlich **→Weiter**. Das Fenster für die Diagrammplazierung, welches Sie im nächsten Bild sehen, erlaubt Ihnen, das fertige Diagramm als eigenes Blatt in die EXCEL-Mappe einzufügen - oder als ein Objekt in eine bereits vorhandene Tabelle. Wir haben hier die zweite Möglichkeit gewählt.

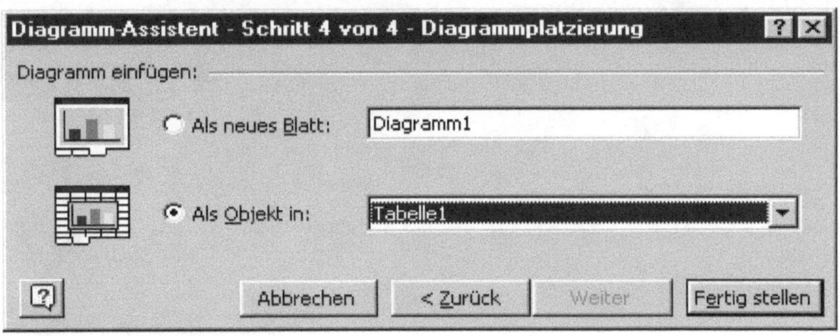

Nun gehen Sie weiter mit **→Fertigstellen**. Das Diagramm ist nun erstellt, kann aber bei Bedarf trotzdem noch verändert werden.

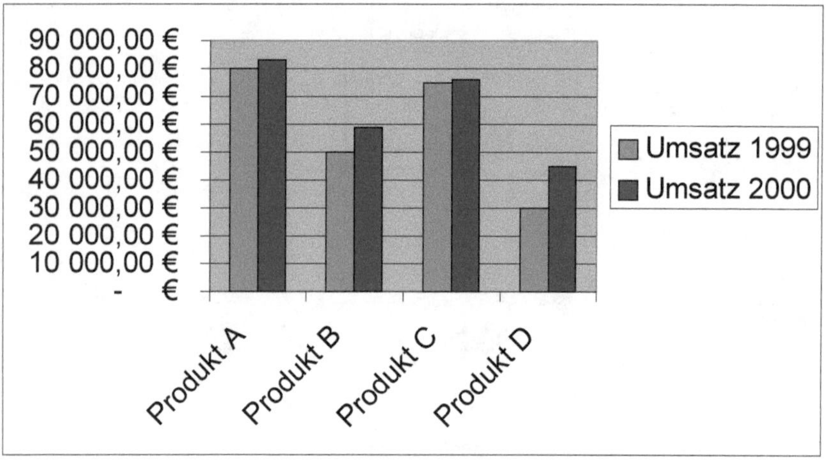

Beispielsweise können wir nun die Schriftgröße der Beschriftung der waagrechten Achse (x-Achse) verkleinern. Dazu müssen Sie zunächst die Grafik anklicken und dann doppelt auf die x-Achse klicken. Sie erhalten dann das folgende Menü:

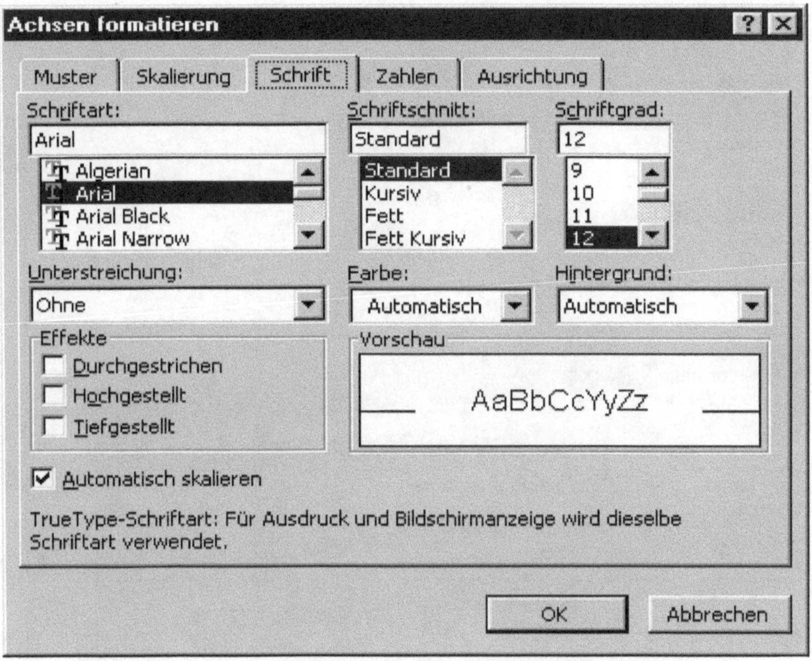

Wählen Sie hier ganz nach Ihren Wünschen eine geeignete Schriftgröße und Schriftart aus. Weiter geht es mit **→OK**. Analog dazu können Sie die senkrechte Achse (y-Achse) formatieren, wenn Sie doppelt auf diese klicken.

Das nächste Bild zeigt Ihnen, wie Sie die Darstellung der Zahlenangaben im Diagramm formatieren können.

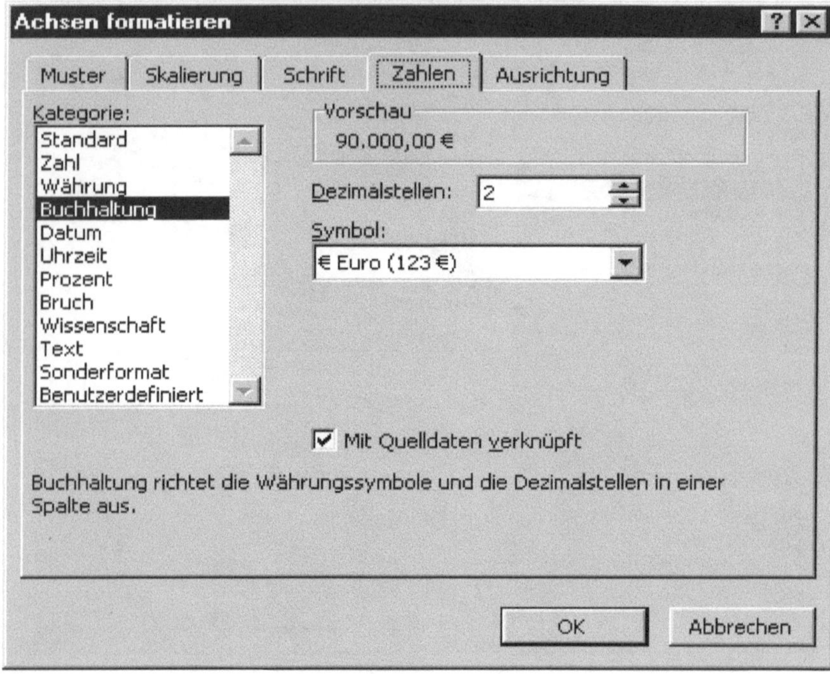

Hier können Sie auch die Anzahl der Nachkommastellen verringern. Unter dem Punkt «Skalierung» haben Sie die Möglichkeit, die y-Achse zu skalieren (siehe nächstes Bild). Sie können zum Beispiel den maximalen Wert, der noch auf der y-Achse angezeigt werden soll, angeben. Bei «Automatisch» ist hier immer ein Häkchen gesetzt, was bedeutet, daß bei Änderungen der Zahlenwerte in der Tabelle, auf die sich das Diagramm bezieht, auch die Werte «Minimum», «Maximum» etc. automatisch angepasst werden. Bei «Hauptintervall» steht der Wert 10000, das heißt, die y-Achse wird in Abständen von 10000 beschriftet.

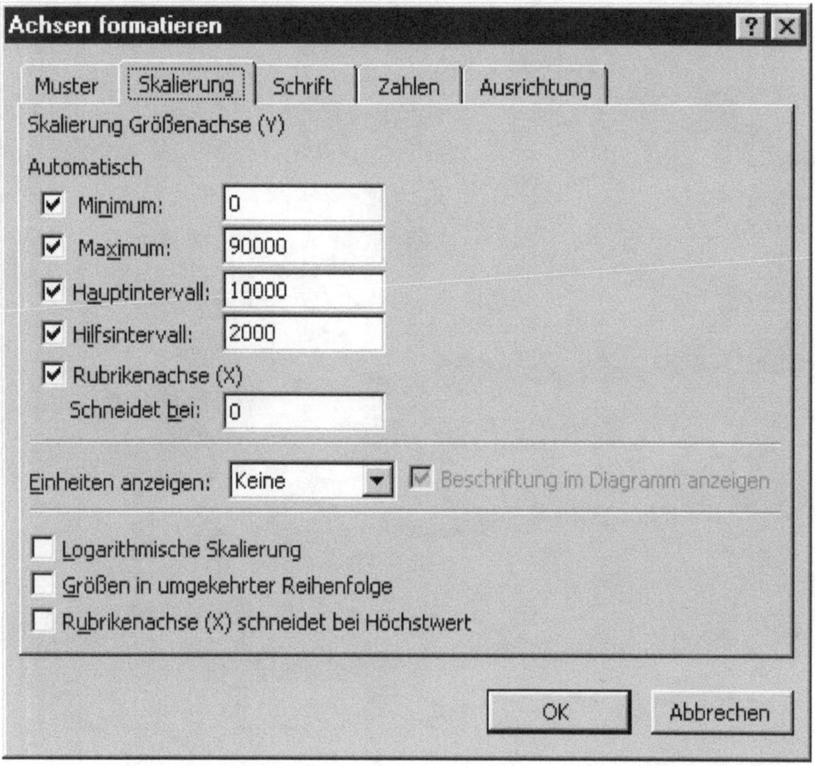

Den Hintergrund der Grafik können Sie verändern, wenn Sie doppelt auf diesen klikken. Sie erhalten dann das folgende Menü:

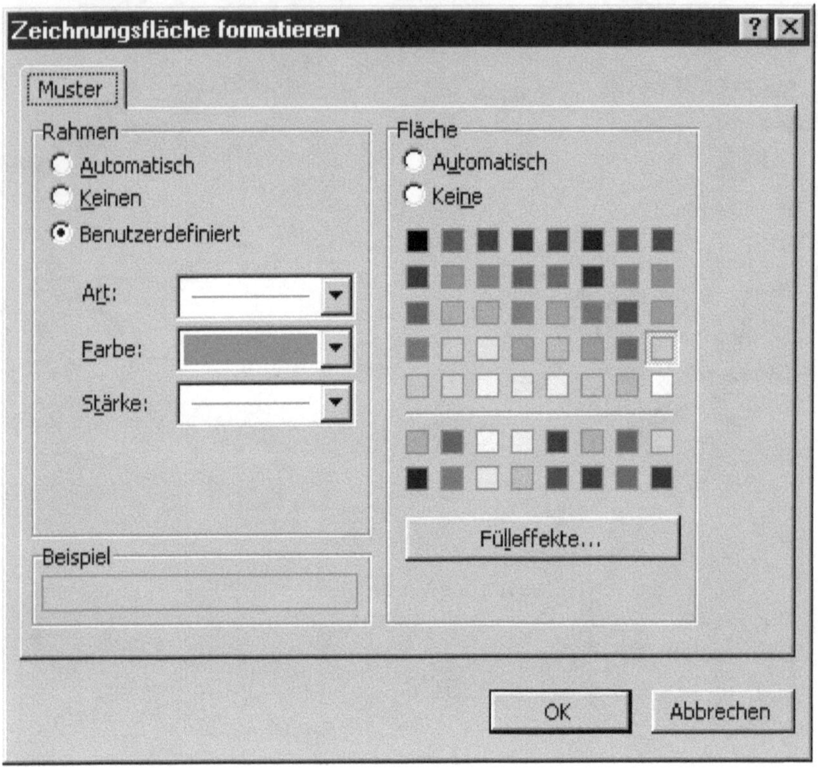

Wie Sie sehen, ist die Voreinstellung immer grau. Sie können nun eine Farbe (rechts) durch Anklicken wählen oder auch den Rahmen um die Grafik verändern. Wenn Sie doppelt auf einen der Balken im Diagramm klicken (z. B. auf einen der rechten Gruppe), so können Sie diesen ebenfalls formatieren. Sie können auch die Füllmuster unter dem Button «Fülleffekte» verändern

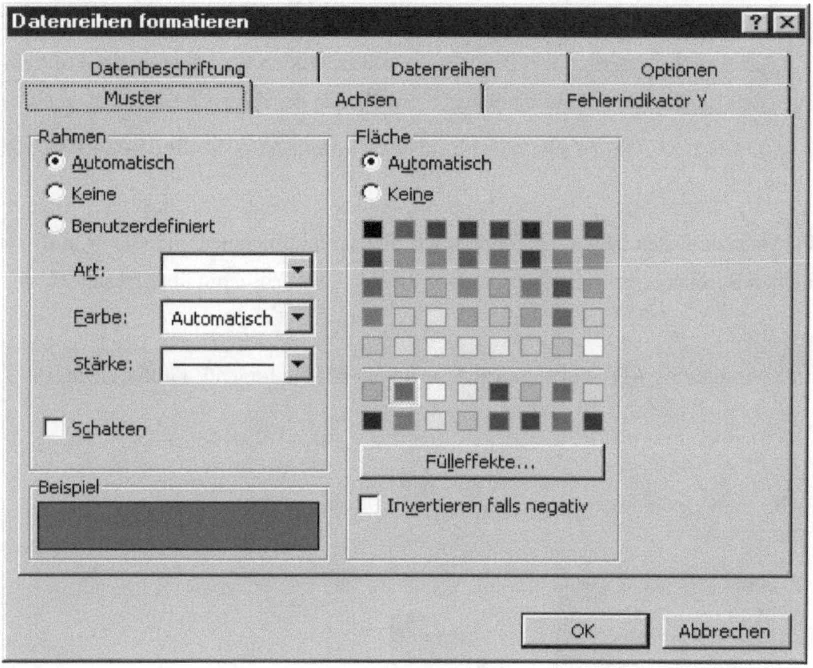

Die Grafik, die Sie erhalten, sieht dann beispielsweise so aus:

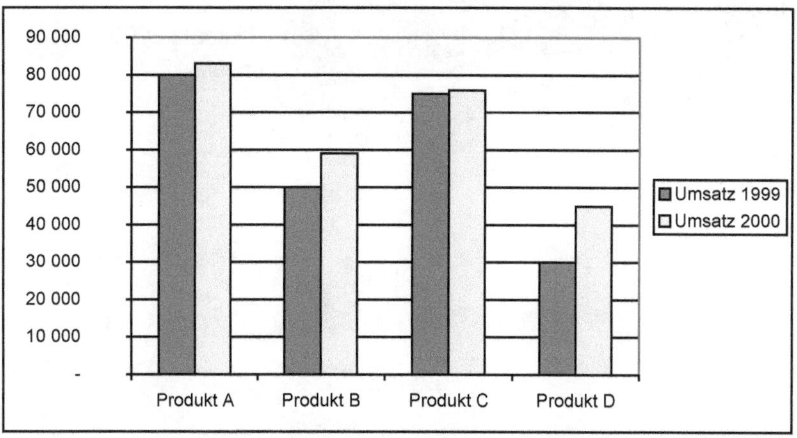

Wenn Sie eine Balkengruppe, z. B. die linke, anklicken, so wird oben in der Formeln-Leiste (Bearbeitungsleiste) unterhalb der Symbolleiste der folgende Befehl angezeigt:

=DATENREIHE(Tabelle1!$B$3;Tabelle1!$A$4:$A$7;Tabelle1!$B$4:$B$7;1)

Falls wir neue Daten hätten, so könnten wir diese mit aufnehmen, indem wir in dieser Zeile den Bereich erweiterten (vergleichen Sie dazu den Abschnitt über Bezüge).

Hätten wir anfangs 3-D-Säulen gewählt, so hätten wir die folgende Grafik erzeugt:

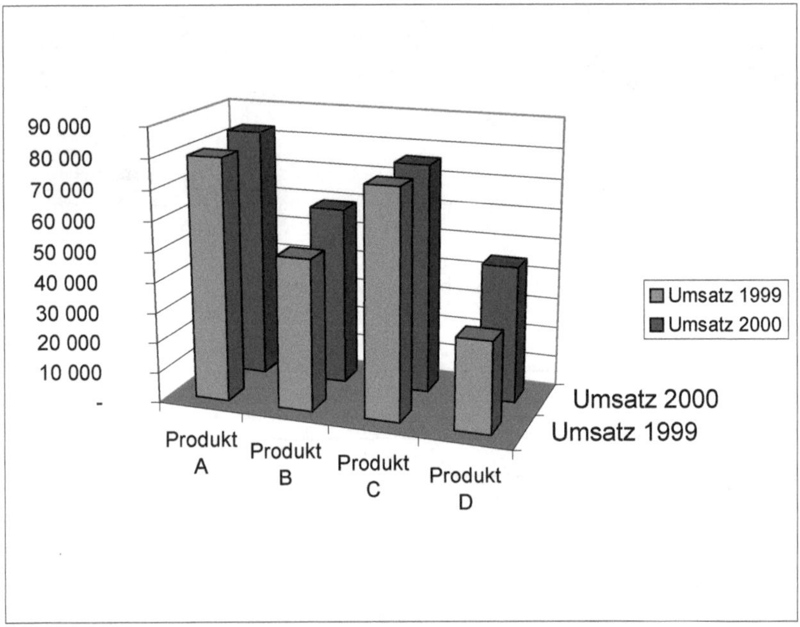

2.2 Kreisdiagramme

Sehr häufig wird zur Darstellung von Daten ein Kreisdiagramm benutzt. Wir wollen als ein Beispiel hierzu in der Tabelle A die erste und zweite Spalte zusammen mit der Überschrift markieren.

Danach wählen wir in der Standard-Symbolleiste den Diagrammassistenten

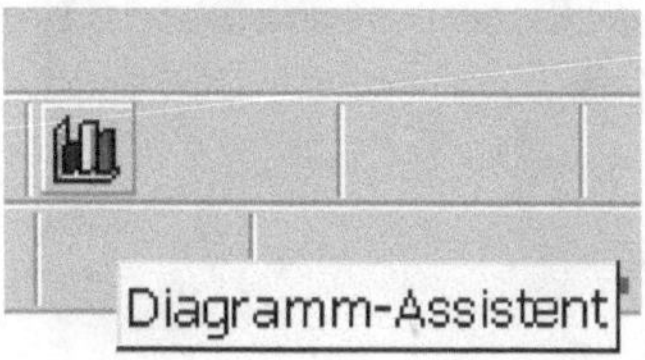

und danach den Diagrammtyp →**Kreis**, wie es im nächsten Bild zu sehen ist.

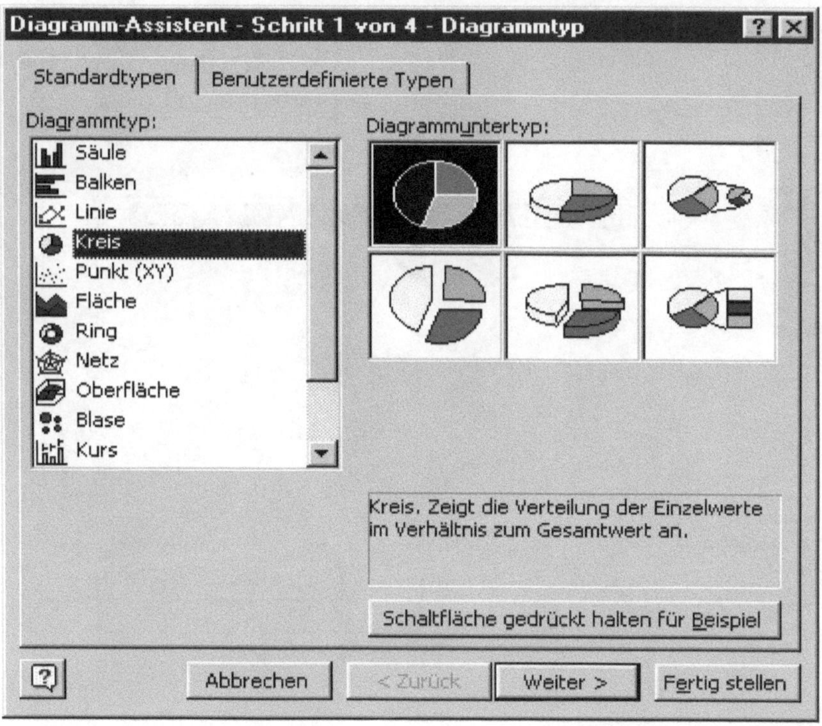

Klicken Sie danach auf die Schaltfläche →**Weiter**. Im nächsten Bild sehen Sie das Fenster, welches im zweiten Schritt der Kreisdiagrammerstellung erscheint. Hier können Sie den Datenbereich überprüfen und gegebenenfalls ändern. Außerdem sehen Sie die Markierung: →**Reihe in Spalten**, da zusammengehörende Daten in diesem Beispiel jeweils untereinander in einer Spalte stehen.

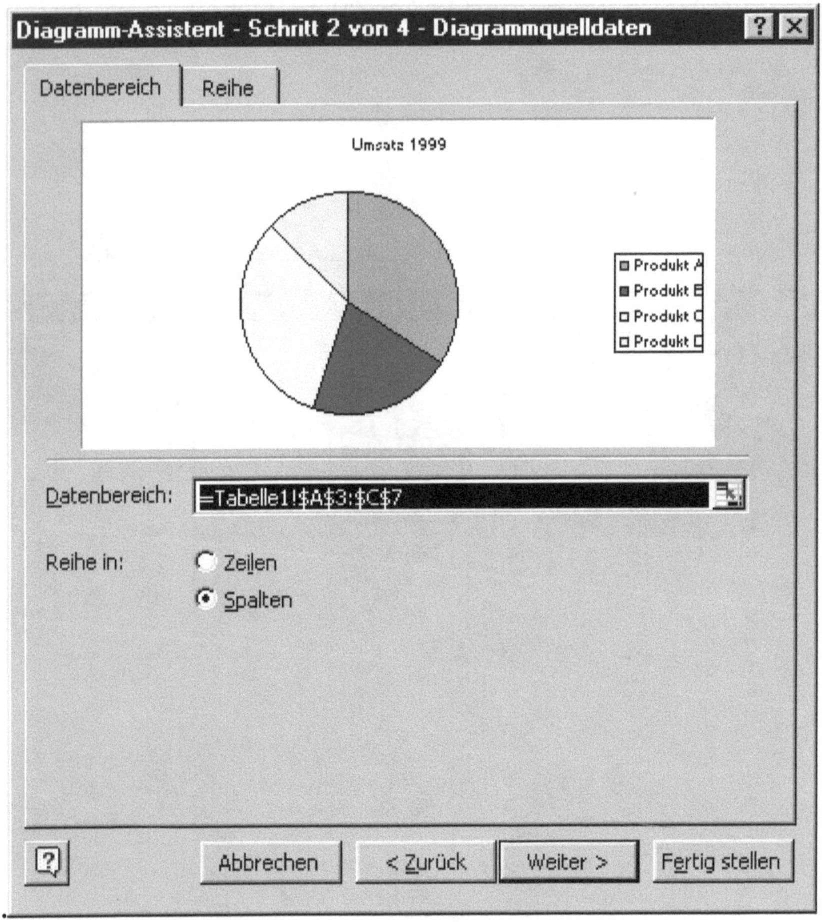

Klicken Sie wiederum auf die Schaltfläche →**Weiter**. Im nächsten Fenster können Sie einen Diagrammtitel Ihrer Wahl hinzufügen:

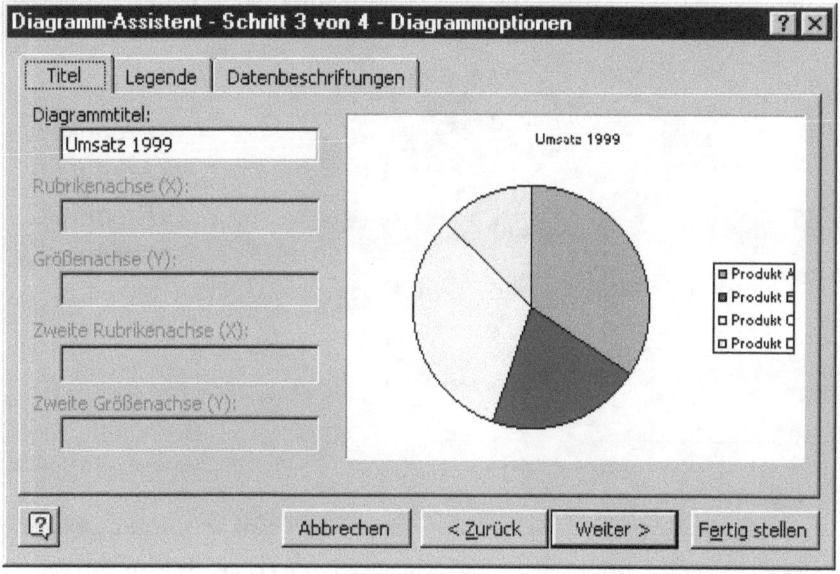

Sie haben nun die Wahl zwischen →**Weiter** und →**Fertig stellen** (bzw. versionsabhängig →**Ende**). Im ersten Fall ist, wie im vorhergehenden Abschnitt schon bei den Balkendiagrammen gezeigt wurde, eine Wahl eines neuen Blattes für das zu erstellende Kreisdiagramm in der Arbeitsmappe möglich, während im zweiten Fall die Grafik direkt als Objekt in die Tabelle eingefügt wird. Die nachträgliche Formatierung des Diagramms geschieht analog zu der Vorgehensweise, die wir bei Balkendiagrammen gezeigt haben.

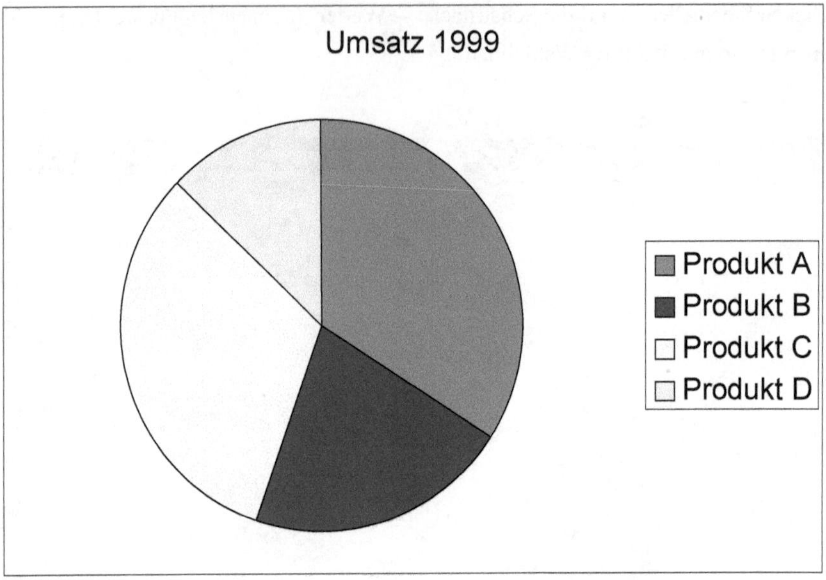

Um beispielsweise die zugrundeliegenden Werte in der Grafik anzuzeigen, genügt ein Doppelklick auf den Kreis und die Markierung von →**Wert anzeigen** in dem daraufhin sich öffnenden Fenster.

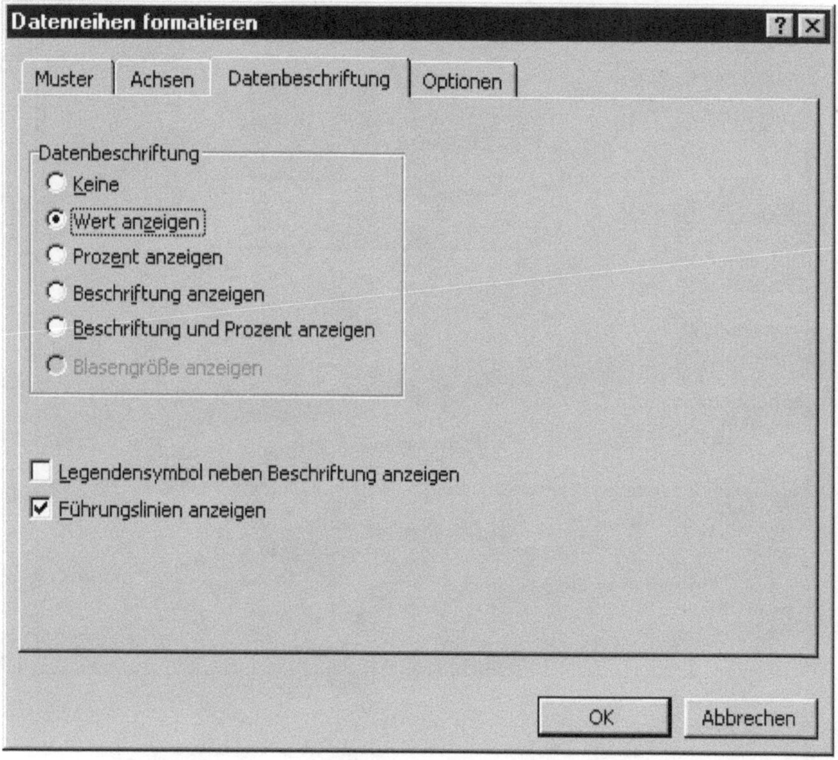

Danach erscheinen die Werte als Beschriftung an den Kreisteilen. Ihre Formatierung erfolgt durch Doppelklicken auf diese. Dann können noch Farben und Fülleffekte definiert werden.

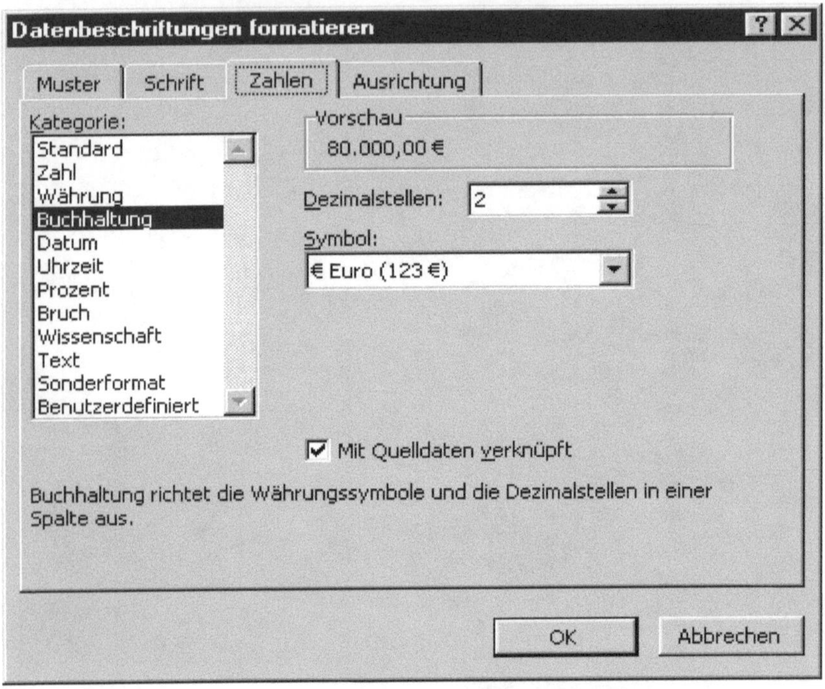
Datenbeschriftungen formatieren
Muster
Schrift
Zahlen
Ausrichtung
Kategorie:
Standard
Zahl
Währung
Buchhaltung
Datum
Uhrzeit
Prozent
Bruch
Wissenschaft
Text
Sonderformat
Benutzerdefiniert
Vorschau
80.000,00 €
Dezimalstellen:
2
Symbol:
€ Euro (123 €)
Mit Quelldaten verknüpft
Buchhaltung richtet die Währungssymbole und die Dezimalstellen in einer Spalte aus.
OK
Abbrechen

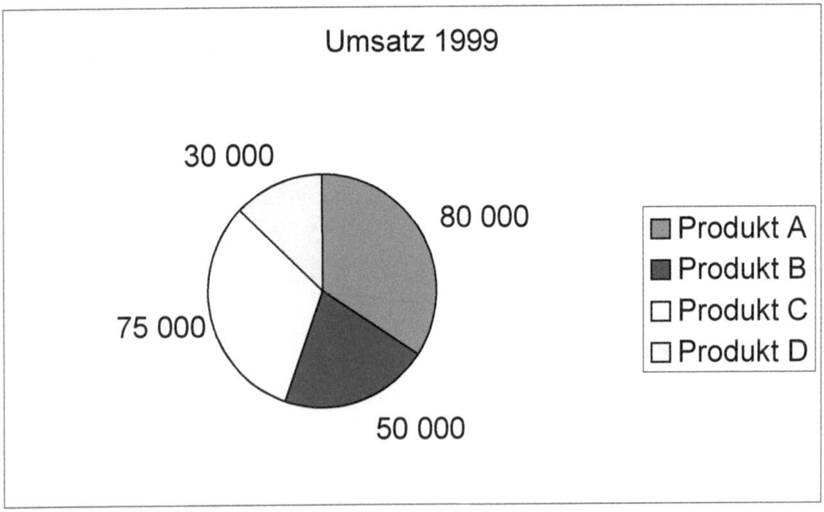
Umsatz 1999
30 000
80 000
75 000
50 000
Produkt A
Produkt B
Produkt C
Produkt D

2.3 Punkt-Diagramme

Wir benutzen wieder die oben schon festgelegte Tabelle B, die hier noch einmal gezeigt wird:

Tabelle B:

Jahr	Mittlerer Umsatz	Std.-Abw.
1991	25.000,00 €	3000
1992	29.000,00 €	3100
1993	35.000,00 €	2900
1994	34.000,00 €	3050
1995	38.000,00 €	2980
1996	41.000,00 €	3100
1997	48.000,00 €	3060
1998	51.000,00 €	2980
1999	58.000,00 €	2990
2000	65.000,00 €	3070

Markieren Sie die erste und zweite Spalte mit Überschrift aus dieser Tabelle. Wählen Sie dann den →**Diagrammassistenten**.

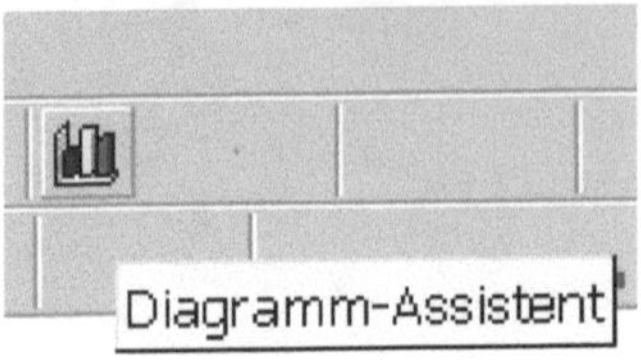

Es öffnet sich das folgende Fenster:

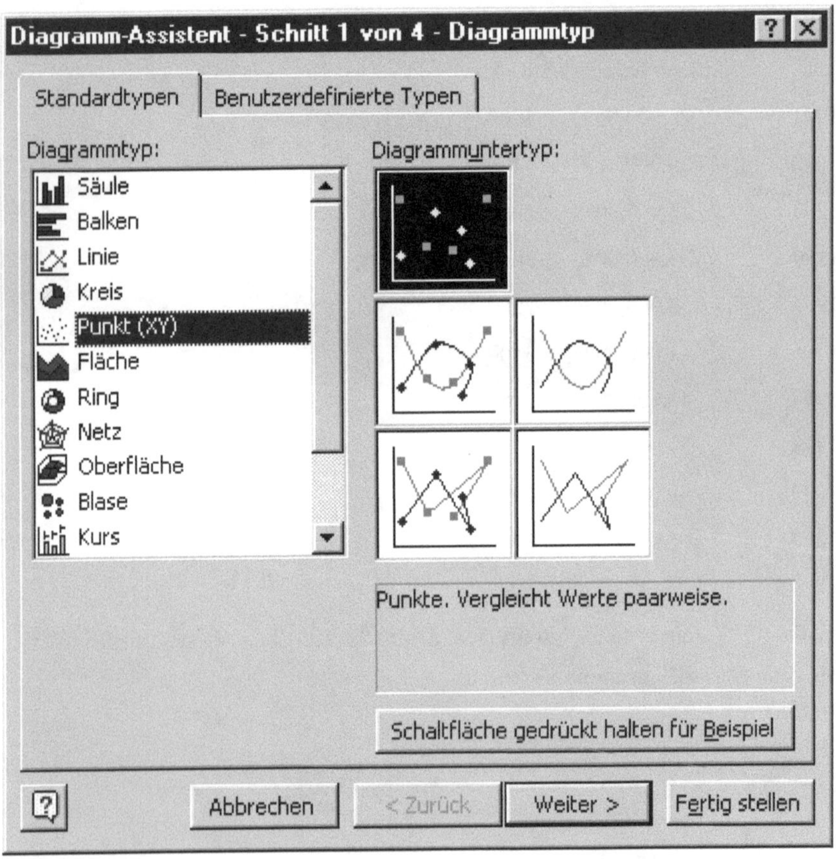

Wählen Sie →**Punkt(XY)**.

<u>Hinweis:</u> Linien sind nur bei äquidistanter (d.h. bei gleichen Abständen zwischen den x-Werten) Einteilung auf der x-Achse sinnvoll.

Dann klicken Sie auf →**Weiter** →**Weiter**. Im folgenden Fenster könnte man auch die Legende links im Bild eigenen Ideen entsprechend formatieren oder auch ganz weg lassen.

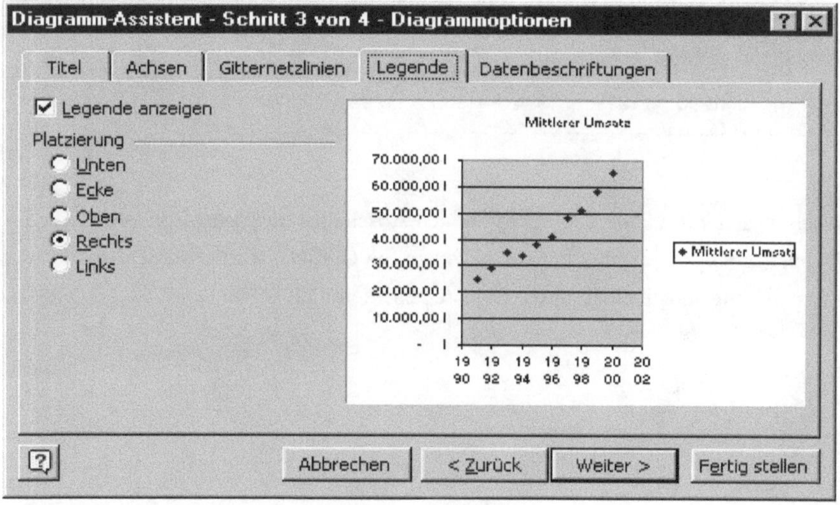

Wählen Sie →**Weiter** →**Fertig stellen**.

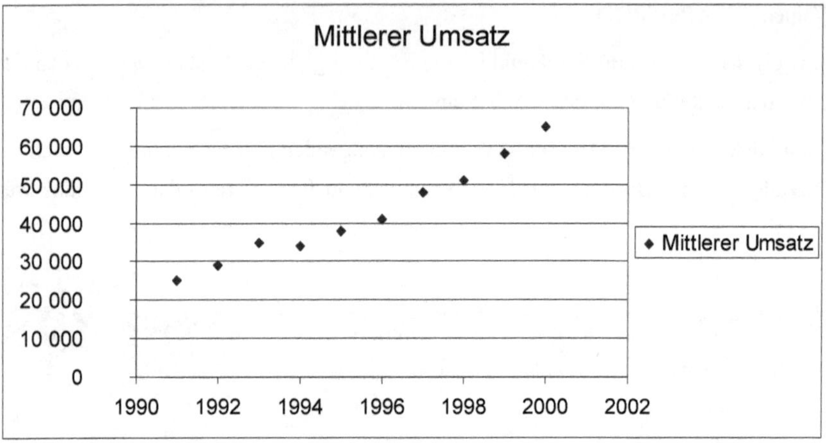

Auch diese Grafik kann wie im vorherigen Abschnitt beschrieben formatiert werden. Doppeltes Klicken auf die Punkte, nachdem die Grafik markiert wurde, bewirkt eine Formatierungsmöglichkeit für die Datenreihen wie folgt:

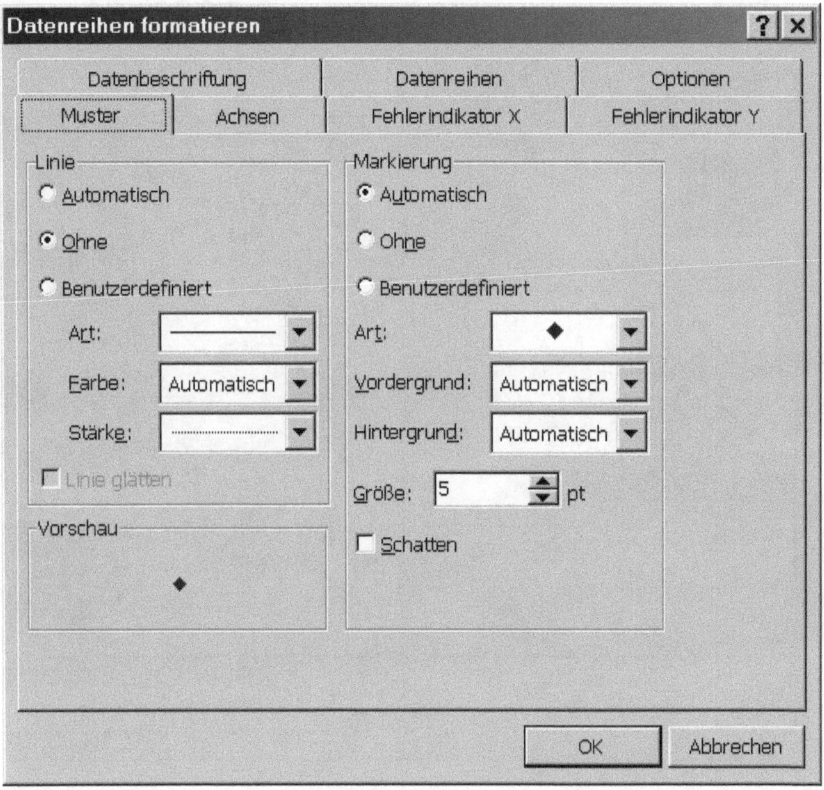

Hier können nun die Punkte durch Linien verbunden oder die Punkte verändert werden. Außerdem kann die Linienart festgelegt werden. Die Vorgehensweise erklären wir anhand von Ausgleichskurven im nun folgenden Abschnitt.

2.3.1 Ausgleichskurven

Wir klicken mit der rechten Maustaste auf die Datenpunkte im markierten Diagramm und wählen →**Trendlinie hinzufügen**.

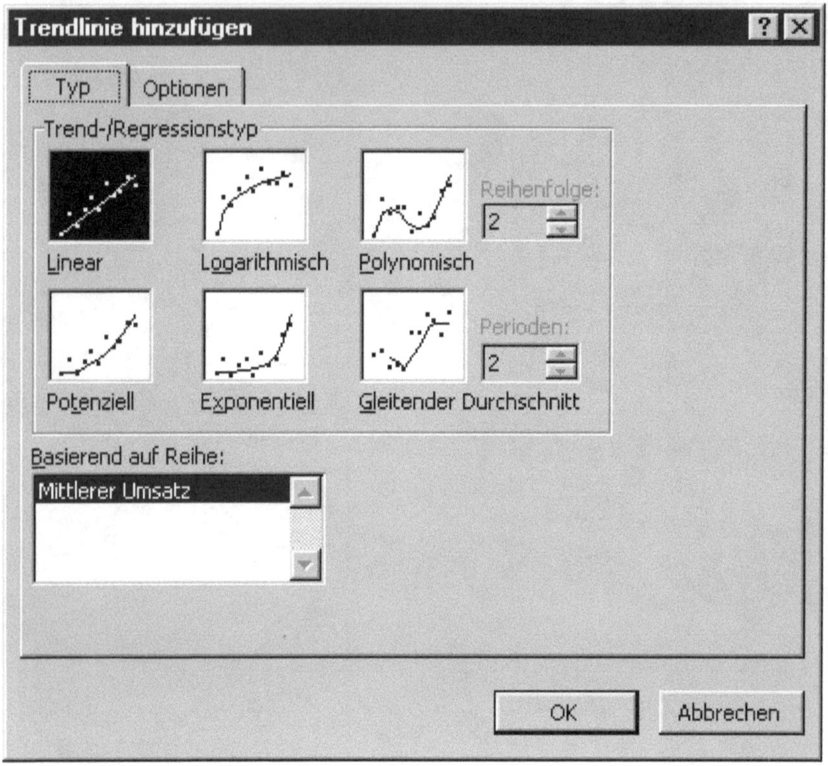

Nun müssen Sie sich für einen Regressionstyp entscheiden, das heißt, die Art der Kurvenanpassung auswählen. Wir wollen eine Gerade auswählen, die unsere Daten möglichst optimal (nach der sogenannten Methode der kleinsten Quadrate) repräsentiert. Klicken Sie also auf das Feld **→Linear**, sofern es noch nicht schwarz hinterlegt ist. Hinweis: Die Regressionskurve kann später noch formatiert werden, wenn Sie doppelt auf diese klicken. Wir wollen noch mögliche Optionen betrachten. Gehen Sie daher auf **→Optionen**.

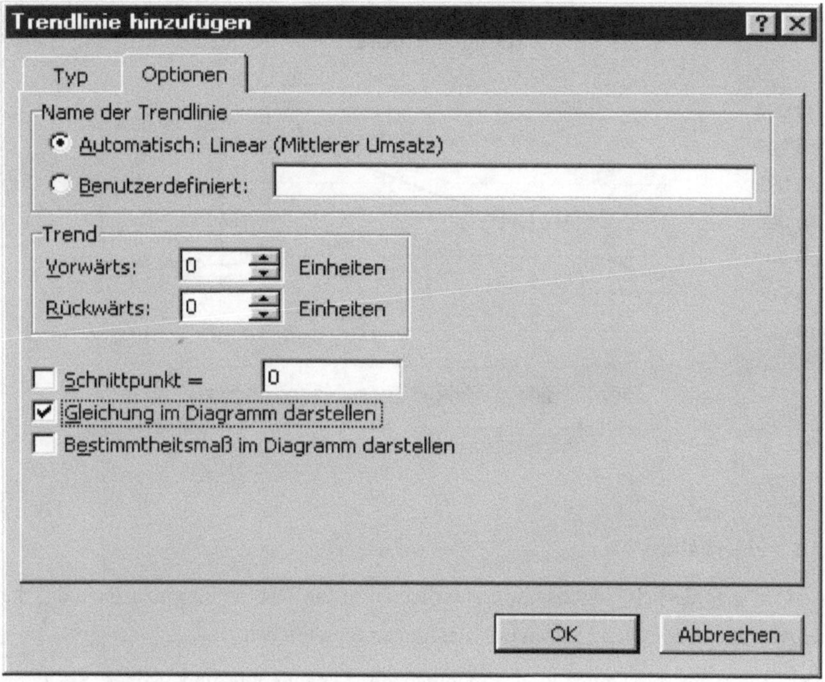

Wählen Sie **→Gleichung im Diagramm darstellen →OK.** Sie erhalten dadurch im fertigen Diagramm die Gleichung einer Geraden, die an die Daten angepasst wird. Mit Hilfe dieser Geraden können Sie später Zwischenwerte oder Vorhersagewerte berechnen. Die Gleichung kann in der Grafik mit Doppelklick formatiert werden.

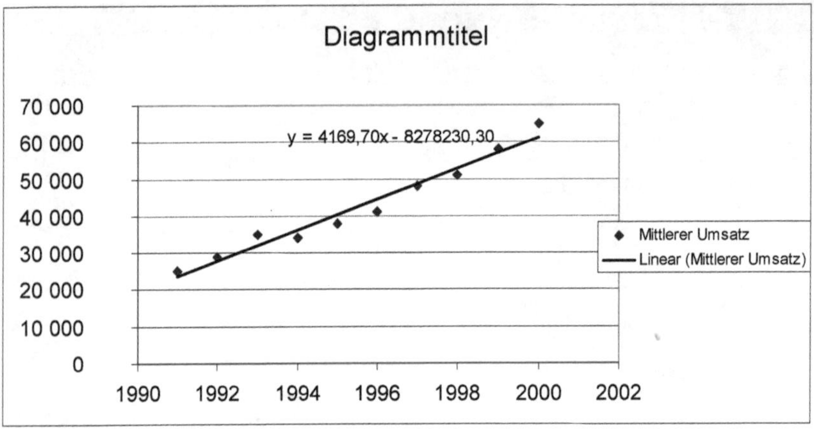

2.3.2 Fehlerbalken

Es ist oft erforderlich, sogenannte Fehlerbalken in ein Diagramm einzuzeichnen, die eine Aussage über Fehlergrenzen bei Messungen ermöglichen.

Gehen Sie dazu mit Doppelklick auf einen der Datenpunkte und wählen Sie dann **→Fehlerindikator y**

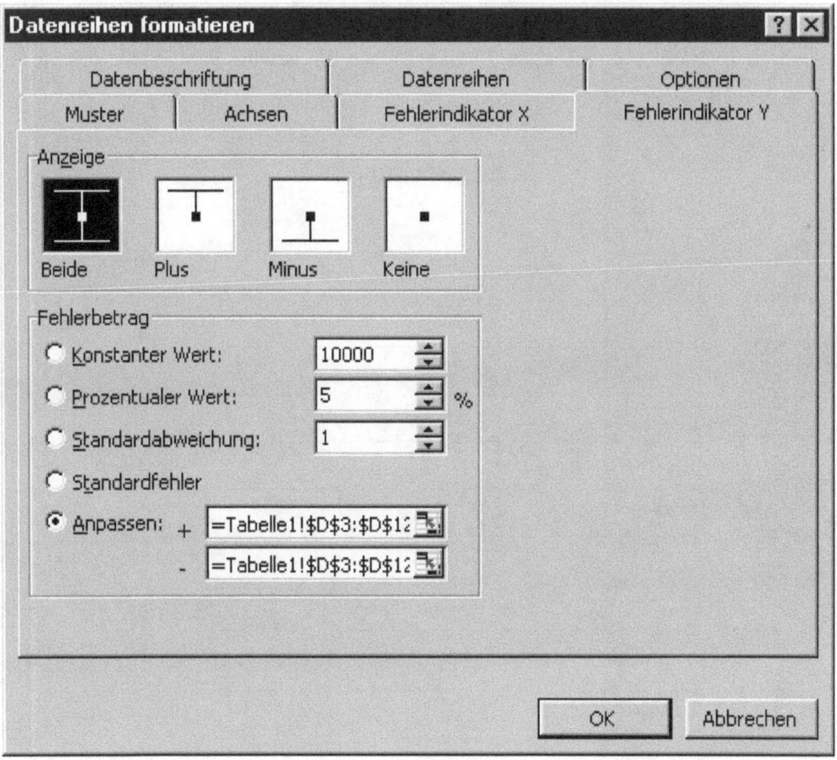

Sie haben die Möglichkeit, prozentuale (auf die Werte bezogene) Fehlerbalken festzulegen. Sie können auch einen konstanten Wert für die Längen der Fehlerbalken wählen. Wir gehen in unserem Beispiel aber davon aus, daß die y-Werte Mittelwerte sind und daher für jeden Wert auch eine Standardabweichung existiert. Falls Sie die Option «Standardabweichung» wählen, so wird die Standardabweichung aller y-Werte berechnet und als Fehlerbalken konstanter Länge eingezeichnet. Der Wert 1 im obigen Bild stellt den Faktor dar, mit dem die Standardabweichung multipliziert wird (1 = einfache Länge). Wir wollen in unserem Beispiel Fehlerbalken unterschiedlicher Länge einzeichnen und gehen daher wie folgt vor:

Gehen Sie in das Feld →**Anpassen** und wählen Sie bei + und – die letzte Spalte der Tabelle B (wie oben zu sehen). Sie erhalten dann die gewünschte Grafik, die Sie im folgenden Bild sehen.

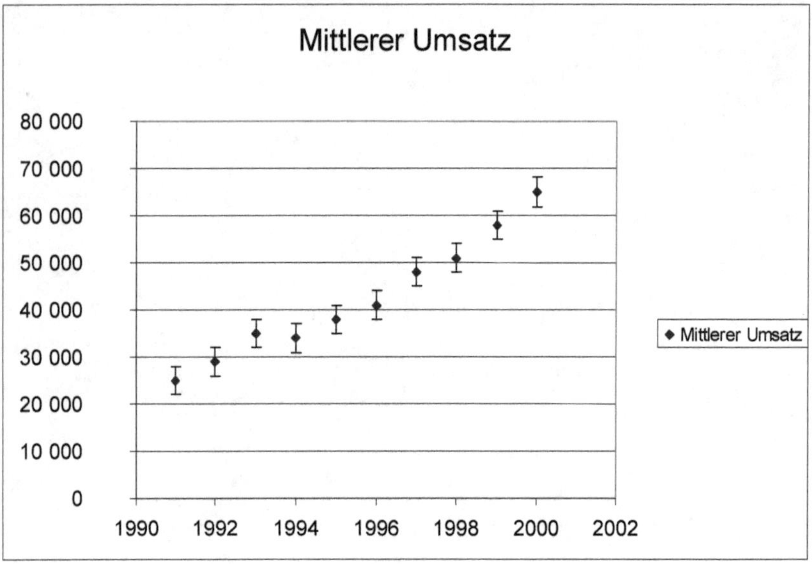

3 Spezielle Funktionen und ihre Anwendungen

Wenn Sie Ihre eigenen - oftmals sehr speziellen- Anwendungen mit EXCEL erstellen wollen, ist es sehr hilfreich, wenn Sie einige der wichtigsten Funktionen des EXCEL-Systems kennen.

3.1 Die Wenn-, Und- und Oder-Funktionen

Mit der Wenn-Funktion kann man unter der Bedingung, daß in einer Zelle ein bestimmter Wert steht, in einer anderen Zelle einen bestimmten Text oder auch Zahlen ausgeben. Hier einige Beispiele:

Beispiel 1:

Wenn in der Zelle A1 eine Zahl größer als 10 steht, so soll in der Zelle A2 der Text «Zahl größer als 10» und im anderen Fall «Zahl kleiner oder gleich 10» ausgegeben werden. Hierzu müssen Sie in der Zelle A2 den folgenden Befehl eingeben:

=Wenn(A1>10; "Zahl größer als 10"; "Zahl kleiner oder gleich 10")

Sie können nun in die Zelle A1 verschiedene Zahlen eingeben und sich das Resultat in der Zelle A2 ansehen. Wie Sie sehen, wird zunächst in der Wenn-Funktion die Bedingung angegeben, die zu prüfen ist (hier A1>10, das heißt: Ist der Inhalt von Zelle A1 größer als 10?). Danach wird das, was ausgegeben werden soll, wenn die Bedingung erfüllt ist, angegeben. Und als drittes müssen Sie angeben, was ausgegeben werden soll, falls die Bedingung nicht erfüllt ist. Die drei *Argumente* der Wenn- Funktion werden, wie bei allen EXCEL-Funktionen, jeweils durch ein Semikolon getrennt.

Hinweis: Will man eine bereits eingegebene Formel bearbeiten, so kann man einfach auf die Zelle mit der Formel klicken, wodurch die Formel oben in der langen weißen Formeln-Leiste erscheint, wo sie bearbeitet werden kann. Einfacher ist es, auf die Zelle mit der Formel doppelt zu klicken, wobei dann die Formel direkt in der Zelle geändert werden kann. Das Verlassen einer Formel, die Sie nicht weiter bearbeiten wollen, geschieht mit der Escape-Taste oben links auf Ihrer Tastatur.

Wollen Sie in unserem Beispiel mehrere Zahlen in der Spalte A nach dem Kriterium «größer als 10» untersuchen, so können Sie fogendermaßen vorgehen: Die Zelle B1, die bereits, wie oben gezeigt, mittels der Formel ein Ergebnis des Vergleichs enthält, müssen Sie in der rechten unteren Ecke fassen (es erscheint ein dünnes schwarzes Kreuz als Mauscursor) und soweit in der Spalte B nach unten ziehen, wie in der Spalte A Werte stehen.

Beispiel 2:

Falls in der Zelle A1 nichts steht, das heißt: diese Zelle leer ist (in Zeichen: A1="", also zwei Anführungszeichen nacheinander), dann soll in der Zelle A2 eine 1 und sonst eine 0 ausgegeben werden:

=Wenn(A1="";1;0)

Sie können statt dessen auch schreiben

=Wenn (Istleer(A1);1;0)

Beispiel 3:

Falls in der Zelle A1 eine Zahl kleiner oder gleich 5 steht (in Zeichen: <=5), dann soll eine 1, falls eine Zahl zwischen 6 und 15 steht, soll eine 2, und falls eine Zahl größer oder gleich 16 steht (in Zeichen: >=16), so soll eine 3 ausgegeben werden:

=Wenn(A1<=5;1;Wenn(A1<=15;2;3))

Wie Sie hieran sehen, können Wenn-Funktionen auch verschachtelt werden, das heißt, als Argument einer Wenn-Funktion kann wiederum eine Wenn-Funktion stehen. Hier wird zunächst geprüft, ob die erste Bedingung erfüllt ist, dann wird angegeben, was im Fall der Gültigkeit der Bedingung ausgegeben werden soll. Danach können mit weiteren Wenn-Funktionen weitere Bedingungen geprüft werden.

Beispiel 4:

Wenn in der Zelle A1 eine Zahl ungleich Null (in Zeichen: <>0) und in der Zelle B1 eine Zahl >=5 steht, dann soll in C1 ein «a» und sonst ein «b» ausgegeben werden. Schreiben Sie daher in die Zelle C1:

=Wenn(Und(A1<>0;B1>=5);"a";"b")

Wie sie sehen, haben wir eben eine neue Funktion verwendet. Dies ist die Und-Funktion. Bei der Und-Funktion können mehrere Bedingungen angegeben werden, die zu prüfen sind. Falls alle Bedingungen erfüllt sind, wird der Wert «wahr» ausgegeben, ansonsten «falsch». Wenn wir diese Und-Funktion nun in die Wenn-Funktion einbauen, so können wir gleichzeitig mehrere Bedingungen überprüfen und bei deren Gültigkeit einen Wert oder einen Text ausgeben.

Beispiel 5:

Wenn in der Zelle A1 eine Zahl steht, die <=0 oder >=10 ist, dann soll «ja» ausgegeben werden, ansonsten «nein».

=Wenn(Oder(A1<=0;A1>=10);"ja";"nein")

Analog zur Und-Funktion haben wir nun die Oder-Funktion verwendet. Diese prüft, ob eine der beiden Bedingungen oder auch beide gelten. Man kann auch mehr als zwei Bedingungen überprüfen lassen.

3.2 Häufigkeitsauszählungen und bedingte Berechnungen

Wir beziehen uns zunächst auf die folgende EXCEL-Tabelle.

	A	B
1	Geschlecht	Alter
2	w	15
3	w	28
4	m	15
5	w	17
6	w	22
7	m	21
8	m	20
9	w	24
10	m	16
11	w	15

Hier wurden 10 Personen nach ihrem Geschlecht und ihrem Alter gefragt. Wir möchten nun einige statistische Kenngrößen erfassen und diese in einer Tabelle ausgeben lassen. Zunächst möchten wir die Anzahl der Frauen und Männer bei dieser Befragung bestimmen. Die Anzahl der Frauen möchten wir in der Zelle D2 ausgeben lassen. Hierzu müssen Sie folgendes in dieser Zelle eingeben:

=Summe(Wenn(A2:A11="w";1;0))

Anstatt aber nun nur die Eingabetaste zu drücken, müssen Sie nun folgendes tun: Drücken zunächst die **Strg- und die Shift-Taste** gleichzeitig. Während Sie diese gedrückt halten, müssen Sie die **Eingabe-Taste** drücken. Danach erhalten Sie das Ergebnis. Außerdem hat EXCEL nun automatisch geschweifte Klammern um den Befehl geschrieben. Dieser sieht nun wie folgt aus:

{=Summe(Wenn(A2:A11="w";1;0))}

Damit kennzeichnet EXCEL einen sogenannten Matrixbefehl. Dazu später mehr. Da wir uns auf einen ganzen Bereich beziehen (A2:A11), müssen wir statt allein der Eingabetaste die oben beschriebene Kombination drücken. Es würde nicht genügen, nur die Klammern selbst um den Befehl zu schreiben.

Analog dazu erhalten Sie die Anzahl der Männer, wenn Sie im obigen Befehl «w» durch «m» ersetzen und dies in der Zelle D3 eingeben.

Als nächstes möchten wir das mittlere Alter beider Gruppen bestimmen. Dazu geben wir in der Zelle E2 den folgenden Befehl ein:

=Summe(Wenn(A2:A11="w";B2:B11;0))/D2

Drücken Sie danach wieder die Tastenkombination **→Strg, Shift, Enter.**

Analog dazu können Sie das mittlere Alter der Männer in der Zelle E3 bestimmen. Sie erhalten dann die folgende Tabelle:

	C	**D**	**E**
1	Geschlecht	Anzahl	Mittelwert
2	w	6	20,1666667
3	m	4	18

Die Ausgabe des Mittelwerts können Sie auch formatieren (z. B. mit nur einer Nachkommastelle), wie wir das bereits beschrieben haben.

Die Häufigkeit von Zahlen in einem Bereich können Sie auch mit der Häufigkeitsfunktion abfragen. Wollen wir z. B. die Anzahl der 15- und 16-jährigen bestimmen, so könnten wir das wie folgt tun:

Zunächst müssen Sie den Bereich F1:F2 markieren, da wir ja zwei Häufigkeiten (zwei Zahlen) bestimmen möchten. Dann müssen Sie in die Eingabezeile (das weiße lange Feld oben unter der Symbolleiste) den folgenden Befehl eingeben:

=Häufigkeit(B2:B11;{15;16})

Danach müssen Sie wieder die Tastenkombination →**Strg, Shift, Enter** drücken, da die Ausgabe in einem Bereich erfolgen soll. Sie erhalten dann die beiden Häufigkeiten.

	F
1	3
2	1

Sie müssen also bei dem Befehl Häufigkeit zuerst den Bereich angeben, in dem die Daten stehen, von denen Sie die Häufigkeiten bestimmen möchten. Danach müssen Sie in geschweiften Klammern die Zahlen angeben, deren Häufigkeiten bestimmt werden sollen.

3.2.1 Ansprechen von Datensätzen aus einer Datenbank

Wir möchten nun die Möglichkeiten des Befehls SVerweis zeigen. Wir gehen nun von der folgenden Datenbank aus:

	B	C	D
1	**Artikel-Nr.**	**Bezeichnung**	**Preis**
2	00001	Glas	2,00 €
3	00002	Handtuch	1,90 €
4	00003	Tisch	200,00 €
5	00004	Stuhl	80,00 €
6	00005	Lampe	110,00 €

Ein Einzelhändler hat die obenstehenden Artikel in einer EXCEL-Tabelle gespeichert. Er möchte nun in der Zelle B10 eine Artikelnummer angeben und dann in den Zellen C10 und D10 die entsprechenden Angaben (Bezeichnung und Preis) ausgegeben bekommen.

Hierzu geben Sie zunächst in der Zelle B10 eine Nummer ein, z. B. 3. Führende Nullen müssen nicht eingegeben werden. Hier sollten Sie ein benutzerdefiniertes Format («00000») verwenden, wie wir es bereits beschrieben haben.

Geben Sie nun in der Zelle C10 den folgenden Befehl ein:

=SVerweis(B10;B2:D6;2)

Sie erhalten dann die Bezeichnung des entsprechenden Artikels. Hier müssen Sie nur die Eingabetaste drücken. Der Befehl SVerweis verlangt zunächst die Angabe, nach der gesucht werden soll. Danach muss der Datenbereich angegeben werden und dann die Spalte, aus der die Angabe herausgenommen wird. Analog dazu erhalten Sie den Preis in der Zelle D10 mit:

=SVerweis(B10;B2:D6;3)

Es sei noch bemerkt, daß, falls kein Wert in der Zelle B10 steht, die Ausgabe «#NV» wefolgt, da der Bezug fehlt. Will man dies unterdrücken, so kann man auch anstelle des oberen Befehls schreiben:

=Wenn(B10="";"";SVerweis(B10;B2:D6;2))

3.2.2 Matrizenoperationen

Zunächst möchten wir noch einen Befehl beschreiben, mit dem man das sogenannte Skalarprodukt berechnen kann. Hier verstehen wir unter Skalarprodukt folgendes: Die Zahlenwerte von je zwei benachbarten Zellen werden miteinander multipliziert, und alle diese Produkte werden aufsummiert, so daß am Schluß als Ergebnis eine einzige Zahl erscheint. Hier eine Beispieltabelle, in der in der ersten Spalte Preise und in der zweiten Spalte Mengen stehen:

	A	B
1	4,00 €	10
2	5,00 €	15

Mit dem Skalarprodukt können wir nun auf einfache Weise den Gesamtpreis bestimmen:10*4€+15*5€=115€.

Dazu müssen Sie in einer Zelle, z. B. A4, den Befehl

=Summenprodukt(A1:A2;B1:B2)

eingeben - Sie erhalten den Wert 115. Den oberen Befehl kann man auch auf zwei beliebige Bereiche, die allerdings gleich groß sein müssen, anwenden.

Das obige Beispiel zeigt den Bereich A1 bis B2. Solche Zahlenbereiche, mit denen gewisse Rechenoperationen durchgeführt werden können, sind in der Mathematik unter dem Begriff «Matrizen» bekannt. Für unsere Zwecke genügt es zu wissen, daß eine Matrix ein (rechteckiger) Zahlenbereich ist, der - quasi als Verallgemeinerung der bekannten reellen Zahlen - das Rechnen mit ganzen *Bereichen* von Zahlen erlaubt. Üblicherweise tauchen Matrizen als Schemata bei der Lösung von Gleichungssystemen auf.

In EXCEL stehen eine Reihe von Matrixbefehlen zur Verfügung:

MTRANS	Zum Transponieren
MDET	Determinante
MMULT	Matrizenmultiplikation
MINV	Invertierung

Beispiel:

Gegeben sei die folgende Matrix.

	A	**B**
1	3	1
2	2	4

Möchten wir diese *transponieren*, das heißt die Spalten mit den Zeilen vertauschen, so müssen wir zunächst den Bereich reservieren, in dem die transponierte Matrix stehen soll. Hierzu markieren wir den Bereich C1:D2 und geben dann den Befehl «=Mtrans (A1:B2)» in der Formeln-Zeile ein. Danach drücken wir **Strg, Shift, Enter**, da es sich um einen Matrixbefehl handelt.

Wir erhalten dann:

	C	**D**
1	3	2
2	1	4

Oben steht eine quadratische Matrix mit gleich vielen Zeilen wie Spalten. Möchten Sie aber beispielsweise eine Matrix mit 5 Zeilen und 3 Spalten transponieren, so müssen

Sie einen Bereich mit 3 Zeilen und 5 Spalten markieren, da die Transposition Zeilen und Spalten vertauscht.

Analog dazu können Sie die sogenannte *inverse Matrix* bestimmen, die ebenfalls für das Lösen von Gleichungssystemen wichtig ist. Wir können aber zuvor auch dem Bereich A1:B2 den Namen X geben. Dazu müssen Sie nur den Bereich markieren, dann oben links in das Namenfeld ein X eingeben und dann die Eingabetaste drücken.

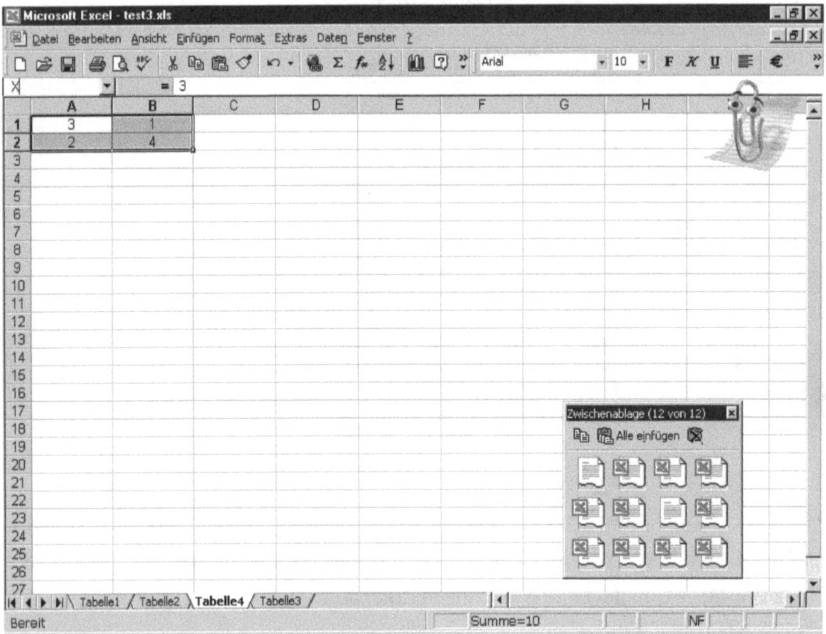

Nun markieren Sie den Bereich, in dem die Inverse erscheinen soll, (z. B. den Bereich E1:F2) und geben dann den Befehl «=MInv(X)» in der Formel-Zeile unter der Symbolleiste ein. Danach müssen Sie wieder Strg+Shift+Enter drücken. Sie erhalten dann:

	E	**F**
1	0,4	-0,1
2	-0,2	0,3

4 Numerische Lösungsverfahren in EXCEL

4.1 Lösen von Gleichungen mit der Zielwertsuche

Nun müssen wir ein wenig mehr in die Mathematik einsteigen. Sie erinnern sich sicher noch an die Schulzeit, wo Ihnen das Lösen von quadratischen Gleichungen mehr oder weniger Kopfzerbrechen bereitet hat. Mit EXCEL ist dies einfach!

Wir möchten nun eine numerische Lösung der quadratische Gleichung $x^2 - 4x - 5 = 0$ bestimmen. Dazu benötigen wir ein variables Feld, das für die Variable x steht. Hier (nächstes Bild) verwenden wir das Feld C4. In der Zelle C7 steht die linke Seite unserer Gleichung (diese sollte im allgemeinen auf die Form f(x)=a gebracht werden). Hier müssen Sie also «=C4^2-4*C4-5» eintragen. Damit Sie einen Startwert für die Berechnung der Lösung («Zielwertsuche») haben, tragen Sie in die Zelle C4 eine 1 ein.

	A	B	C
1			
2			
3			X
4		Var. Felder	1
5			
6			
7		Zielzelle	-8
8			

Sie erhalten dann das obere Bild. In der Zelle C7 steht somit der Funktionswert, d.h. der Wert, den man erhält, falls man für x die Zahl 1 einsetzt. Wir möchten nun erreichen, daß der Funktionswert gleich 0 wird; wir wollen eine numerische Lösung mit EXCEL bestimmen.

Es sei bemerkt, daß unsere quadratische Gleichung zwei reelle Lösungen hat. Mit dem numerischen Lösungsverfahren von EXCEL erhalten wir jeweils eine Lösung in Abhängigkeit vom gewählten Startwert. Es kann auch vorkommen, daß bei bestimmten Startwerten EXCEL keine Lösung findet (falls das Verfahren «divergiert»). Wie haben hier also den Startwert 1 gewählt und beginnen nun mit der Zielwertsuche, indem wir **→Extras →Zielwertsuche** wählen.

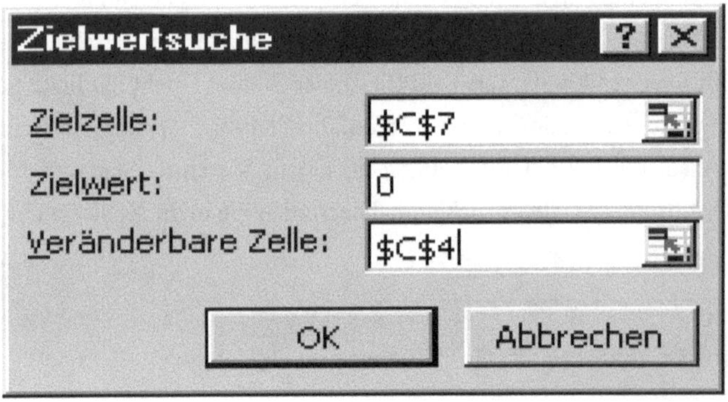

Übertragen Sie nun die oberen Angaben in das Menü. Der Zielwert, die rechte Seite der Gleichung, ist gleich 0. Wählen Sie dann **→OK**, womit Sie das untere Bild erhalten.

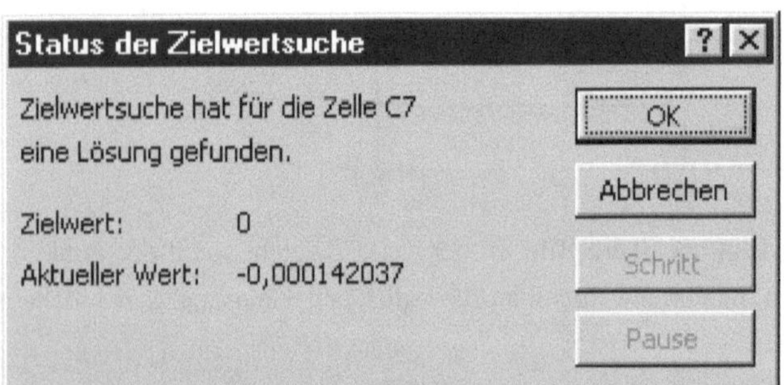

Nun müssen Sie nochmals **→OK** wählen. Unten sehen Sie nun eine numerisch bestimmte Lösung der Gleichung.

	A	B	C
1			
2			
3			x
4		Var. Felder	4,99997633
5			
6			
7		Zielzelle	-0,00014204
8			

Der exakte Wert der einen Lösung ist 5. EXCEL hat den Wert bis auf die 4 Nachkommastelle mit 4,9999... gefunden und dann die Iteration abgebrochen. Die Funktion ist «fast» Null (0,00014204). Versuchen Sie bitte als Aufgabe, die andere Lösung durch einen geeigneten Startwert zu finden.

Bemerkung: Sie können diese quadratische Gleichung auch direkt mit der sogenannten p-q-Formel lösen. Geben Sie dazu in eine leere Zelle ein:

=-(-4/2)+Wurzel((-4/2)^2-(-5))

und in eine andere

=-(-4/2)-Wurzel((-4/2)^2-(-5))

Dadurch berechnet Ihnen EXCEL die Lösungen direkt. Das vorher gezeigte numerische Verfahren wird erst dann interessant, wenn man Gleichungen fünften oder höheren Grades (die höchste vorkommende Potenz von x) lösen will, da hier keine Lösungsformeln existieren. Man ist in diesem Fall auf numerische Näherungslösungen angewiesen. Numerische Lösungsverfahren können aber unter Umständen bei unglücklicher Wahl eines Startwertes divergieren, das heißt keine Lösung finden.

4.2 Lösen von Optimierungsproblemen mit dem Solver

Der folgende Abschnitt ist mehr für den Leser mit guten Mathematikkenntnissen gedacht. Der Abschnitt kann von mathematisch weniger interessierten Lesern durchaus übergangen werden. Damit aber auch dieser Leserkreis eine Vorstellung hat, worum es hier geht, sei hierzu noch kurz etwas im voraus gesagt.

Funktionen, wie Sie sie von der Schule her kennen, beschreiben einen Zusammenhang zwischen einer unabhängigen Variablen x und einer abhängigen Variablen y mittels einer Funktionsvorschrift y = f(x). Nun können Funktionen ganz allgemein nicht nur von einer einzigen Variablen abhängen, sondern von mehreren unabhängigen Variablen. Auch für solche Funktionen möchte man die Maxima und Minima bestimmen, das heißt diejenigen Werte der unabhängigen Variablen, für die die abhängige Variable maximal bzw. minimal wird. Überdies können noch gewisse Nebenbedingungen gestellt werden, welche Werte die unabhängigen Variablen annehmen dürfen.

Der EXCEL-Solver kann im Menü unter **→Extras** aufgerufen werden. Sollte er dort nicht zu finden sein, so kann man ihn hinzufügen, indem man unter **→Extras →Add-In** wählt und dann auf **→Solver** klickt (siehe unten).

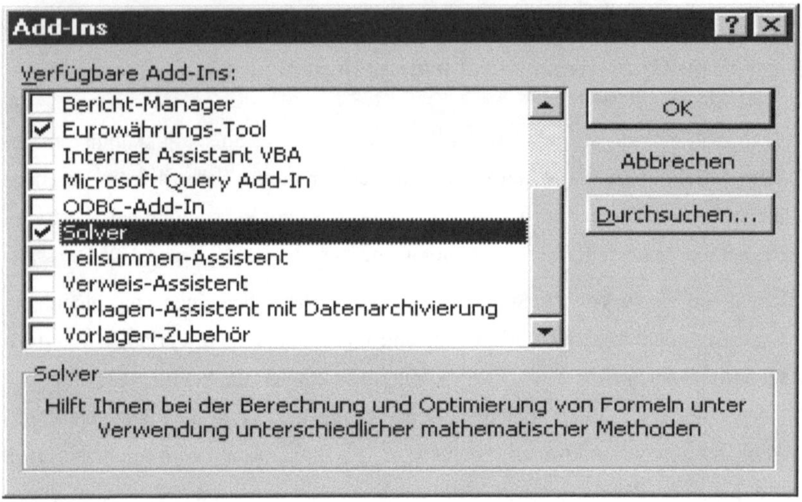

Mit Hilfe des Solvers können Sie lokale Minima und Maxima von Funktionen mehrerer Veränderlicher unter Nebenbedingungen bestimmen. EXCEL verwendet hier ebenfalls ein numerisches Verfahren, womit Sie jeweils eine Lösung bzw. eine Näherung erhalten, auch bei mehreren Optima.

Wir möchten nun die Funktion zweier Veränderlicher $z = f(x,y) = x^2+y^2$, in EXCEL geschrieben als f(x,y) = x^2+y^2, unter der Nebenbedingung $x + y \geq 10$ minimieren. Wir benötigen zwei Felder, die für unsere Variablen x und y stehen. Wir haben hierzu B4 und C4 gewählt. In das Feld B7 haben wir die Zielfunktion in der Form «=B4^2+C4^2» eingetragen. «»

	A	B	C
1			
2			
3		X	Y
4	**Var. Felder**	1	1
5			
6			
7	**Zielfunktion**	2	
8			
9		**LS**	**RS**
10	**Nebenbedingung**	2	10
11			

Die linke und rechte Seite der Gleichung der Nebenbedingung haben wir in den Zellen B10 und C10 eingetragen, d.h. in B10 steht «=B4+C4» und in C10 steht der Wert 10. Wählen Sie nun →**Extras** →**Solver**.

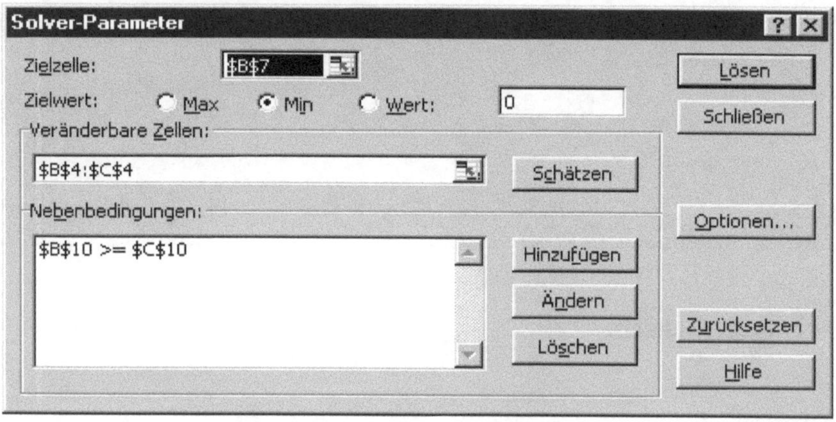

Die Zielzelle, hier B7, enthält unsere Zielfunktion, die veränderbaren Zellen sind B4:C4. Bei «Zielwert» müssen Sie **→Min** wählen, da wir unsere Funktion minimieren wollen. Um die Nebenbedingung eingeben zu können, müssen Sie auf **→Hinzufügen** klicken. Hier können Sie nun links die linke und rechts die rechte Seite angeben (siehe unten).

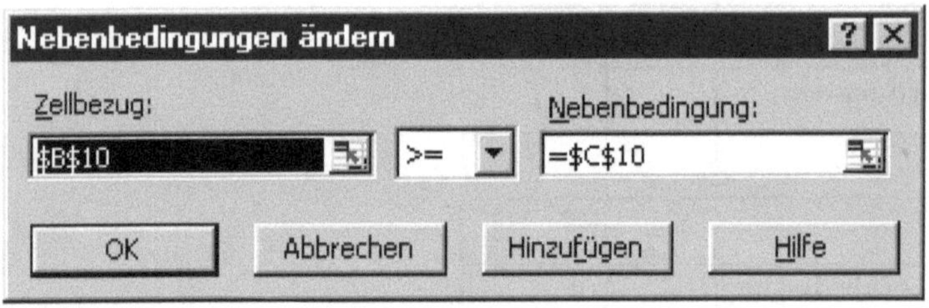

In der Mitte müssen Sie «>=» auswählen. Dann **→OK** wählen; danach noch 2 mal auf **→OK**.

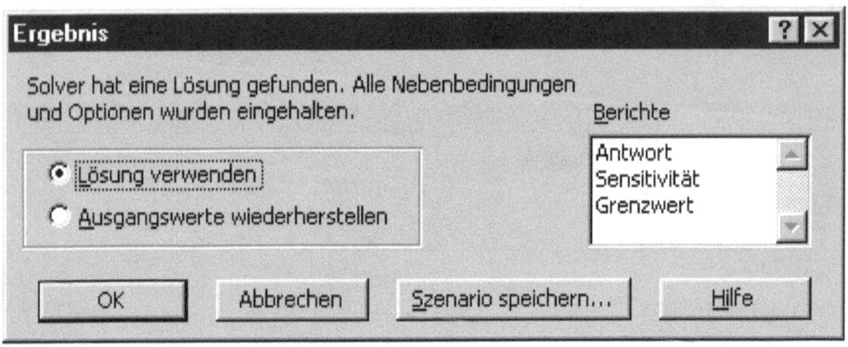

Sie erhalten die Lösung.

	A	B	C
1			
2			
3		x	y
4	**Var. Felder**	5	5
5			
6			
7	**Zielfunktion**	50	
8			
9		**LS**	**RS**
10	**Nebenbedingung**	10	10
11			

In der folgenden Grafik sehen Sie die «Höhenlinien» der Zielfunktion (Kreise) und die Nebenbedingung (Gerade, zulässiger Bereich ist links oberhalb der Geraden eingezeichnet). Die Lösung des Problems (Minimum der Funktion) ist gegeben durch die Koordinaten des schwarz eingezeichneten Punktes, die Sie als (5,5) ablesen können.

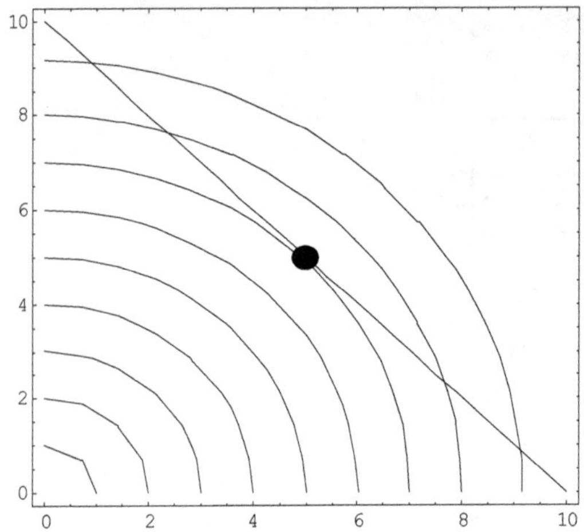

10
8
6
4
2
0
0
2
4
6
8
10

5 Makro-Programmierung

5.1 Makros aufzeichnen

Makros sind kleine Programme, die ähnlich wie die EXCEL-Funktionen, die Sie schon kennengelernt haben, benutzt werden können. Der Vorteil von Makros besteht darin, daß sie vom Benutzer selbst progammiert werden können. Daduch sind sie äußerst flexibel. Man kann entweder Makros in einem Eingabefeld (Editor) selbst komplett erstellen oder alternativ dazu auch aufzeichnen. Letztere Methode verwendet man häufig, wenn ein Vorgang in EXCEL, zum Beispiel das Erstellen einer Grafik, zwar mit den vorhandenen Funktionen ausgeführt werden kann, der Vorgang aber sehr oft wiederholt werden soll. Dann empfiehlt es sich, diesen Vorgang einmalig aufzuzeichnen und als Makro zu speichern. Der Vorgang kann dann durch einfachen Aufruf des Makros beliebig oft wiederholt werden, ohne daß Sie jedesmal die vollständige Reihenfolge der Bearbeitung ihrer Daten durchführen müssen.

Wir beschreiben zunächst das Aufzeichen eines Makros. Als ganz einfaches Beispiel sollen Zahlen aus dem Bereich A1 bis A4 jedesmal beim Ablauf des Makros automatisch summiert werden. Das Ergebnis soll in Zelle B2 stehen. Dieses Beispiel dient natürlich nur zur Erklärung des Prinzips. Eine realistischere Anwendung folgt später.

Geben Sie zunächst die Daten in die Zellen A1 bis A4 ein, zum Beispiel, wie in der nächsten Grafik gezeigt, die Zahlen 3, 2, 5, 1. Nun müssen wir die Makroaufzeichnung aufrufen und danach die Summierung ein einziges mal selbst durchführen. Später brauchen wir dann nur noch das Makro aufzurufen, um zu summieren. Ein Markieren des Bereichs entfällt dann.

Wählen Sie die Menüpunkte **→Extras →Makro →Aufzeichnen**, wie im nächsten Bild zu sehen ist.

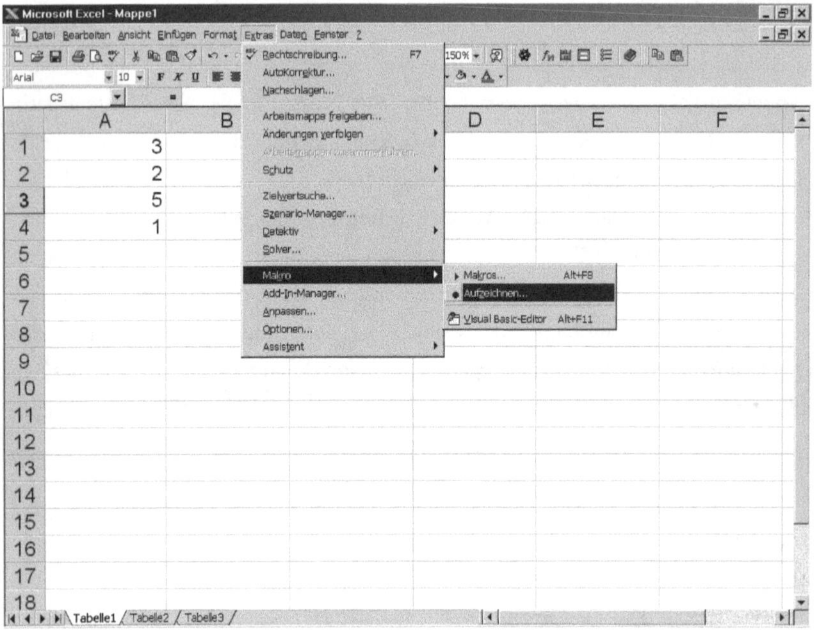

Das Fenster, das nun geöffnet wird, läßt Ihnen die Möglichkeit, dem Makro einen eigenen Namen zu vergeben. Wir lassen hier die Voreinstellung Makro1 und wählen **→OK**

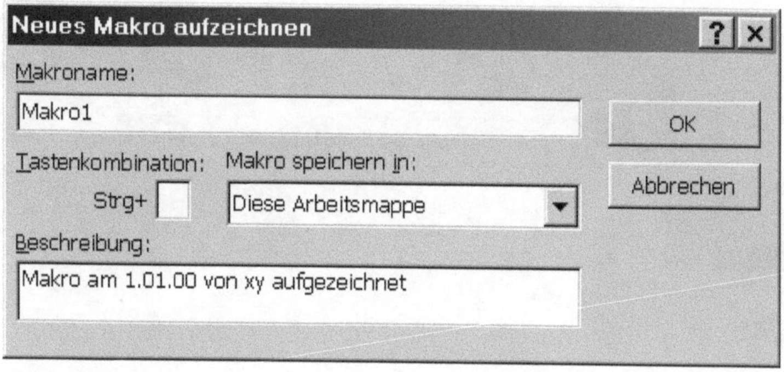

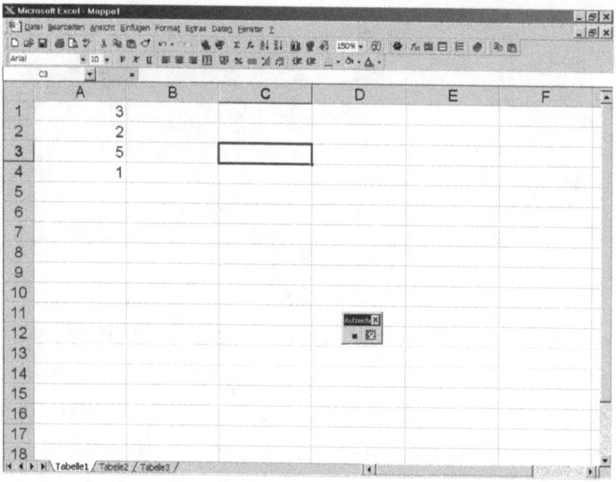

Die kleine Symbolpalette, die nun erscheint, dient später dem Beenden des Makros. Wir führen zunächst wie gewohnt die Summierung aus, indem wird die Zelle B2 anklicken, in der die Summe erscheinen soll. Dann wählen wir, wie im nächsten Bild zu sehen ist, das Summenzeichen aus der Menüleiste und überstreichen mit gedrückter Maustaste den zu summierenden Zahlenbereich A1:A4.

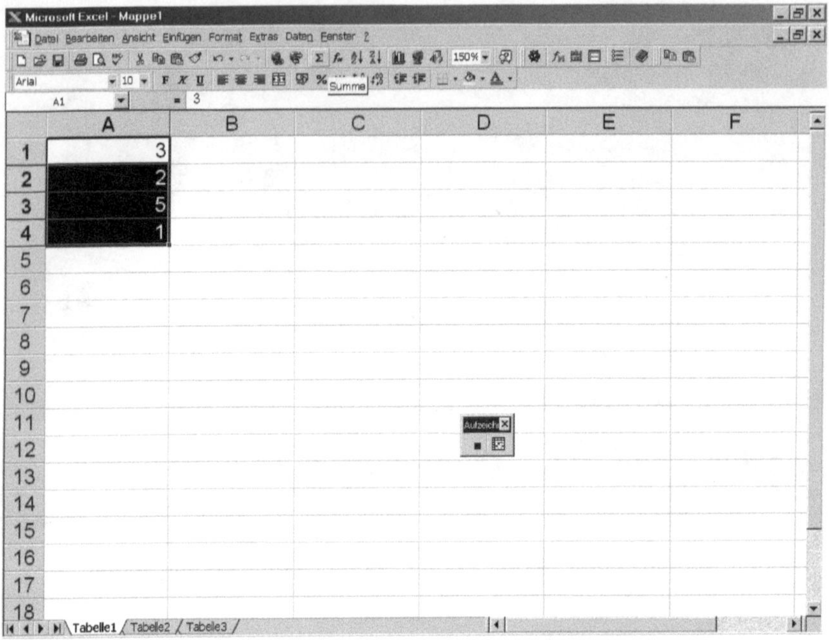

Dann drücken wir die Enter-Taste und erhalten das Ergebnis. Zum Schluß beenden wir die Makroaufzeichnung mit dem schwarzen Quadrat in der Symbolpalette «Aufzeichnung beenden». Wir wollen unser Makro testen. Dazu löschen wir das Ergebnis der Summierung, die wir eben «per Hand» in der Zelle B2 durchgeführt haben. Wenn unser Makro richtig funktioniert, dann sollte es nach seinem Aufruf selbst in der Zelle B12 die Summe der Zellen A1:A4 einfügen. Wählen Sie **→Extras →Makro →Makros**.

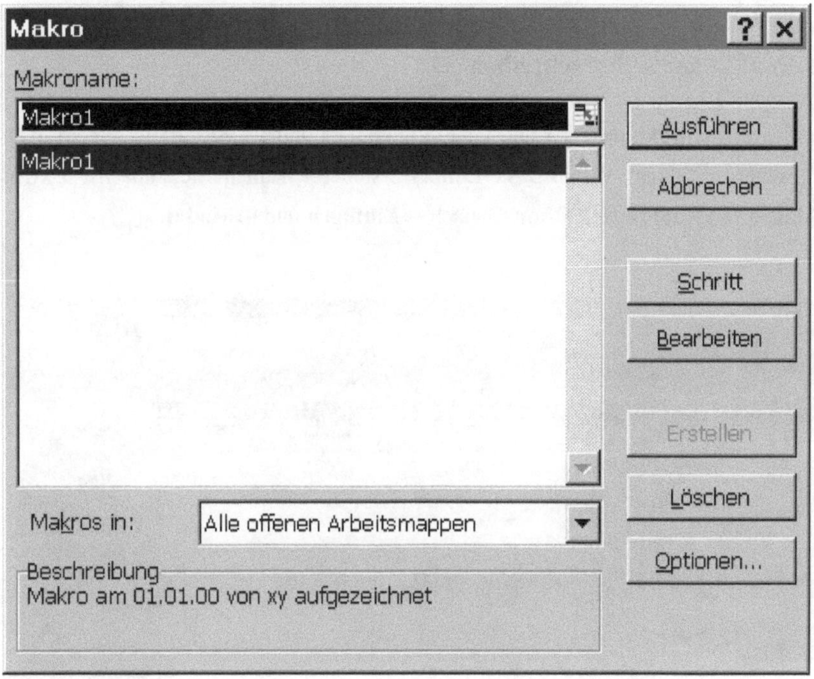

Achten Sie darauf, daß der richtige Makronamen im Makrofenster steht (hier Makro1), und wählen Sie dann →**Ausführen**

5.2 Funktionen selbst schreiben

Mit etwas Routine können Sie sehr leicht Funktionen und Makros direkt in dem dafür vorgesehenen Editor (Visual-Basic-Editor) erstellen. Wählen Sie zunächst **Extras →Makro →Visual Basic-Editor**. Danach **→Einfügen** und **→Modul**.

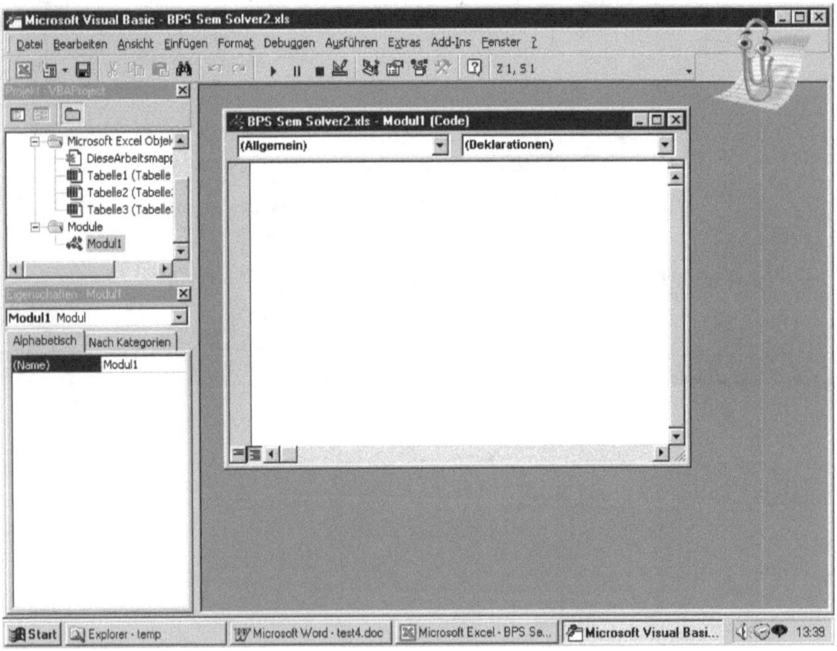

In dem rechten weißen Eingabefenster können Sie nun eine Funktion schreiben, die wir später in EXCEL verwenden können. Schreiben Sie als Beispiel eine Funktion, mit der man den Kontostand nach n Jahren ausrechnen kann, wenn man zu Beginn K0 (Euro) einzahlt und einen Konstanten Zins p bekommt. Die Formel für den Endwert lautet: «Kn=K0(1+p/100)^n».

Wir geben also folgendes ein (Achtung: Hier muß man anstelle eines Semikolons [«;»] bei Funktionen ein Komma angeben, da wir bei den Makros englische Sprachbefehle benutzen. In der EXCEL-Arbeitsmappe dagegen müssen Sie ein Semikolon verwenden. Achten Sie auch auf die englische Schreibweise «Function» [mit «c»]!):

```
Function Kn(K0, p, n)
    Kn = K0 * (1 + p / 100) ^ n
End Function
```

Nun steht Ihnen in EXCEL die neue Funktion zur Verfügung. Wenn Sie jetzt in die EXCEL-Arbeitsmappe gehen (auf der Taskleiste von Windows EXCEL wählen, wenn es zuvor bereits geöffnet war), irgendeine Zelle wählen und «=Kn(1000;5;2)» eingeben, dann erhalten Sie 1102,50, was dem Kontostand nach 2 Jahren bei einem Zins von 5% und einer Einzahlung von 1000,00 DM entspricht.

5.3 Makros schreiben

Was wir zuvor als Funktion geschrieben haben, wollen wir nun über ein Makro realisieren. Geben Sie hierzu zunächst die folgende Tabelle ein.

	A	B
1	K0	1000
2	p	5
3	n	2
4	Kn	
5		

Nun wollen wir mit einem Makro die Werte auslesen, Kn berechnen und ausgeben.

Gehen Sie über folgende Menüpunkte: **→Extras →Makro →Visual Basic-Editor**.

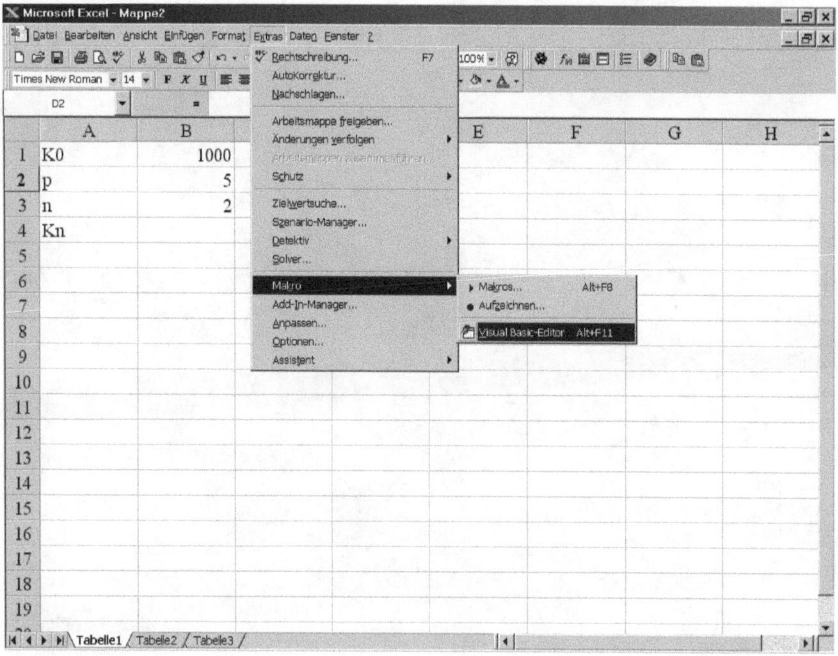

Wählen Sie dann →**Einfügen** →**Modul**.

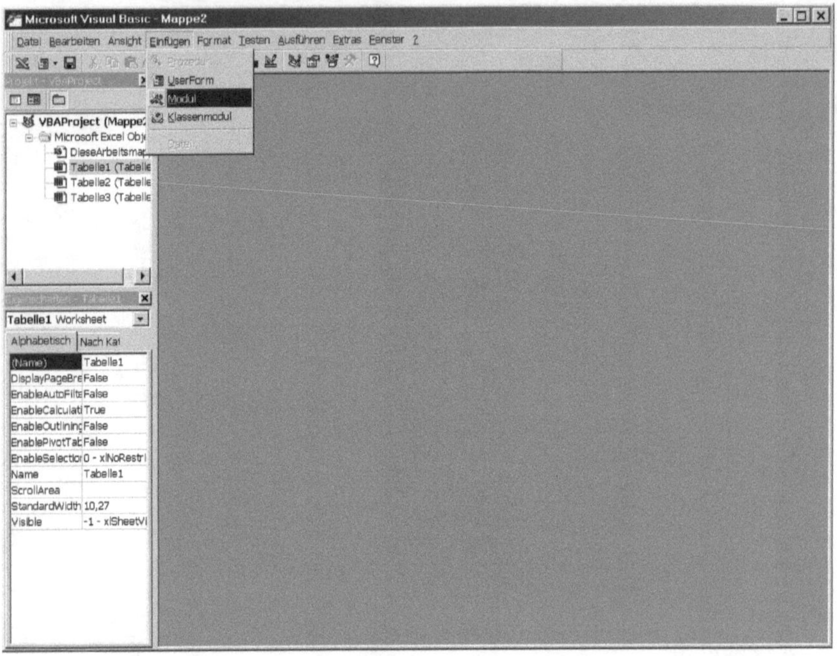

Geben Sie nun in dem Modulfenster folgendes ein:

```
Sub Knx()
        K0 = Cells(1, 2)
        p = Cells(2, 2)
        n = Cells(3, 2)
        Cells(4, 2) = K0 * (1 + p / 100) ^ n
End Sub
```

Bemerkung:

Will man sich immer auf die Tabelle 1 beziehen, so kann man auch folgendes am Anfang nach der Sub-Zeile eingeben: **Sheets("Tabelle1").Activate**

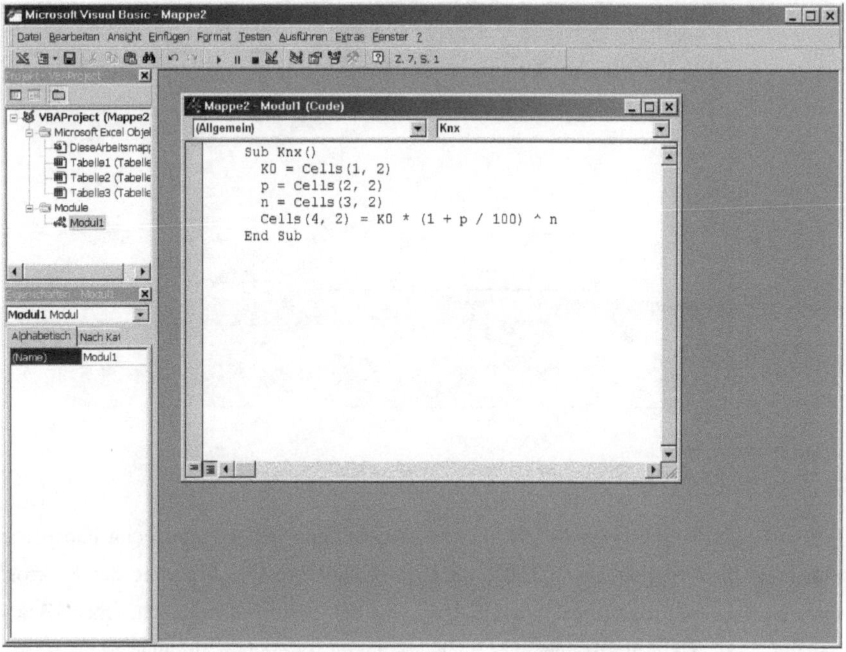

Gehen Sie nun in das EXCEL-Tabellenblatt, in welchem Sie die Tabelle erfaßt haben. Wählen Sie nun **Extras →Makro →Makros**.

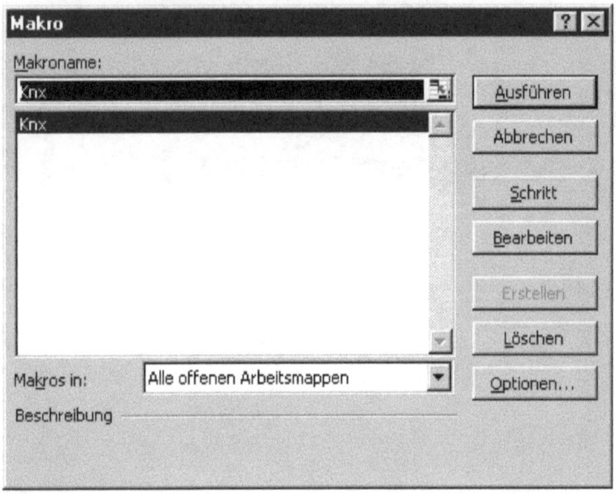

Neben den selbstredenden Möglichkeiten «Ausführen» und «Abbrechen» haben Sie hier noch die Möglichkeit «Schritt» für eine zeilenweise Durchführung des Makros. Dies ist für eine Programmablaufverfolgung im Fehlerfall sehr nützlich. Über «Bearbeiten» können Sie ein bestehendes Makro jederzeit verändern. Wählen Sie **→Ausführen**.

Sie erhalten nun den berechneten Wert:

	A	**B**
1	K0	1000
2	p	5
3	n	2
4	Kn	1102,5

Das Makro kann auch über einen Button gestartet werden, wie wir später noch zeigen werden.

Ein Beispiel für Makros mit Schleifen und Bedingungen

Wir wollen Ihnen nun ein Beispiel dafür geben, wie Sie in Ihren Makros Schleifen benutzen können, um gewisse Anweisungen zu wiederholen. Ein ähnliches Beispiel hatten wir zuvor schon ohne Makros durchgeführt, hier sollen aber die Möglichkeiten von Makros gezeigt werden. Nehmen wir an, wir hätten eine Tabelle von Daten von 10 Personen. In Spalte 1 der Tabelle sei das Geschlecht der Person notiert (w=weiblich, m=männlich). In Spalte 2 der Tabelle steht die Körpergröße. Um für unser Beispiel nicht allzu viele Werte eintippen zu müssen, nehmen wir an, es seien nur n=10 Personen. In der Praxis wird hier natürlich der Vorteil dieses Makros besonders bei großen Werten von n hervortreten. Unser Ziel soll es sein, die Körpergrößen nach Geschlecht getrennt in den Spalten 5 und 6 desselben EXCEL-Tabellenblatts aufzulisten. Dabei sollen überdies bei den Männern nur diejenigen Körpergrößen aufgeführt werden, die größer oder gleich 175 cm sind.

w	168
w	173
m	185
w	175
m	169
m	174
w	162
m	178
w	176
w	174

Geben Sie die Tabelle in die ersten beiden Spalten des Tabellenblatts 1 in EXCEL ein. Wählen Sie danach im Menü **→Extras**. Falls in Ihrer EXCEL-Version in dem nun erscheinenden Pulldown-Menü die Wahlmöglichkleit Makros noch nicht sichtbar ist, wählen Sie, wie unten gezeigt, zuerst noch die unteren Doppelpfeile, um in das Folgemenü zu gelangen.

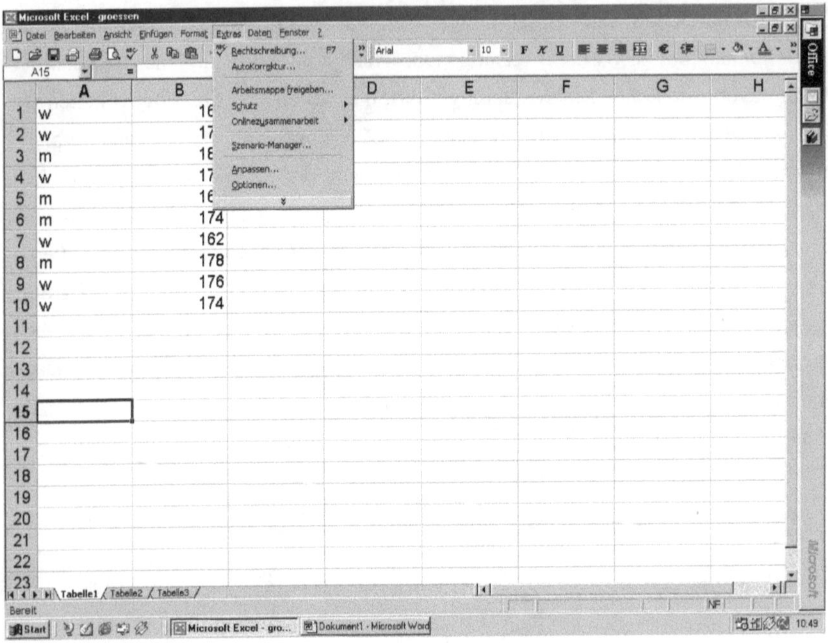

Wählen Sie nun →**Makro** →**Makros**.

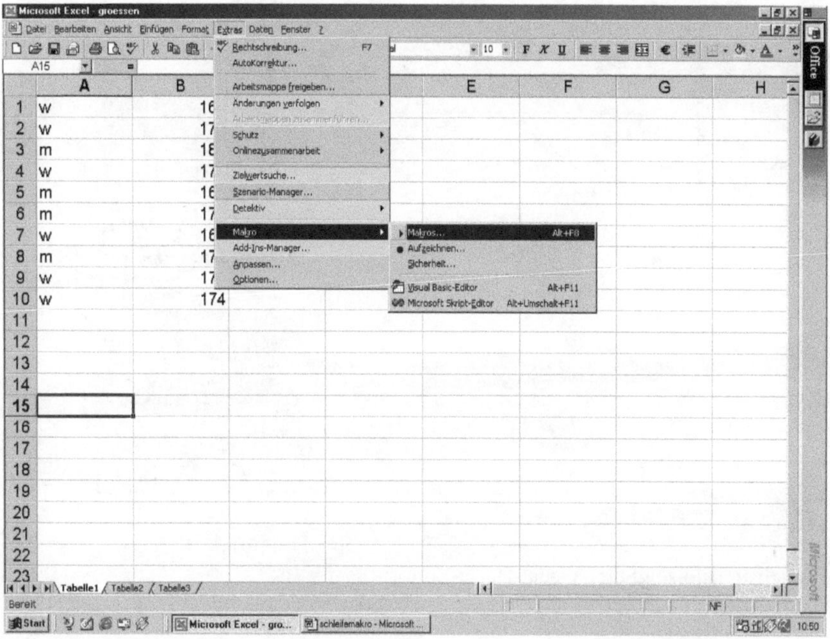

Den Namen für unser zu erstellendesMakro dürfen Sie selbst wählen. Wir haben hier m1 gewählt.

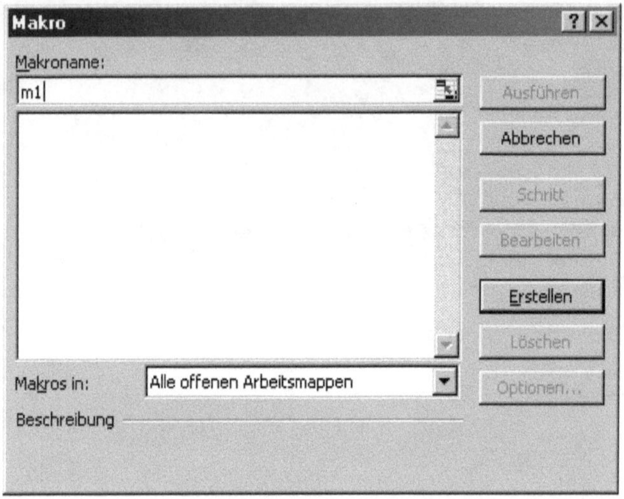

Das nächste Bild zeigt den Visual-Basic-Editor:

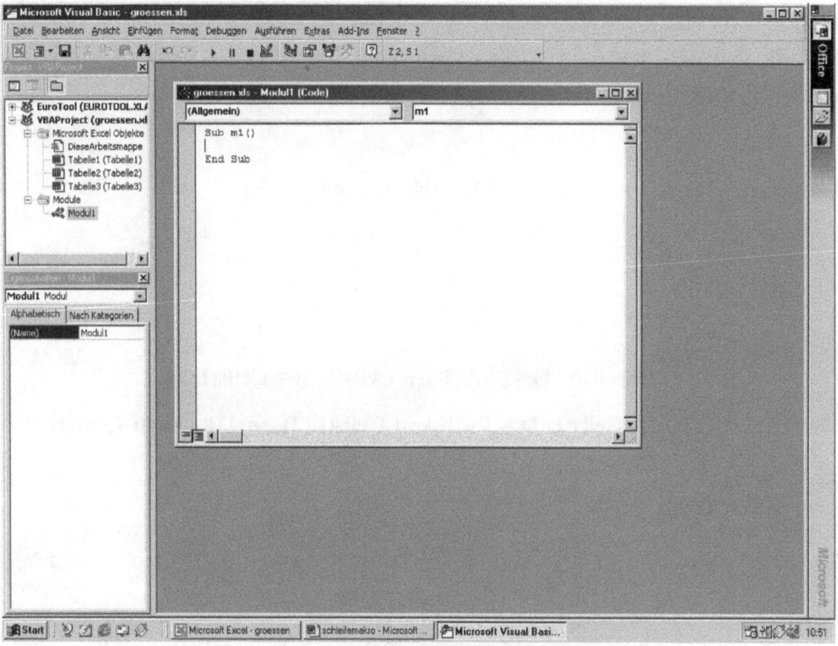

Hier müssen wir nun den Code für das Makro eingeben. Es soll für n=10 Personen abgefragt werden, ob die Person männlich bzw. weiblich ist. Zudem soll bei männlichen Personen abgefragt werden, ob die Körpergröße 175 oder mehr beträgt. Die Anweisung, die das 10-malige Ausführen einer oder mehrerer Anweisungen bewirkt, ist die FOR-Schleife, auch Zählschleife genannt. Ihre Syntax lautet für den Fall zehnmaligen Durchlaufens:

```
For I=1 to 10
        Anweisung1
        Anweisung 2
        ...
Next I
```

Eine (ganzzahlige) Zählvariable, hier mit I bezeichnet, sorgt durch Abzählen von 1 bis 10 dafür, daß alle Anweisungen, die zwischen der Zeile «For ...» und der Zeile «Next ...» stehen, n-mal (hier n=10) wiederholt werden.

Wir geben, wie auch im nächsten Bild zu sehen ist, ein:

```
Sub m1()
    For I = 1 To 10
        If Cells(I, 1) = "m" Then Cells(I, 5) = Cells(I, 2)
        If (Cells(I, 1) = "w" And Cells(I, 2) >= 170) Then Cells(I, 6) =
        Cells(I, 2)
    Next I
End Sub
```

Die erste und letzte Zeile («Sub ...» und «End Sub») werden vom System selbst gesetzt und brauchen nicht nochmals eingegeben zu werden.

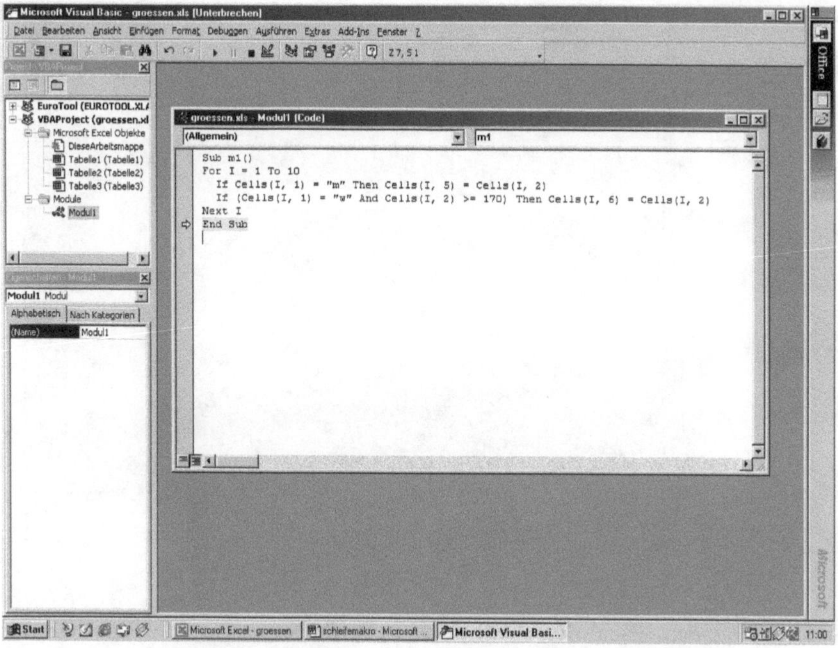

Nachdem das Makro geschrieben ist, muss es ausgeführt werden, damit es die gewünschte Arbeit durchführt. Wählen Sie dazu, wie im nächsten Bild gezeigt, **→Ausführen →Sub/UserForm** ausführen.

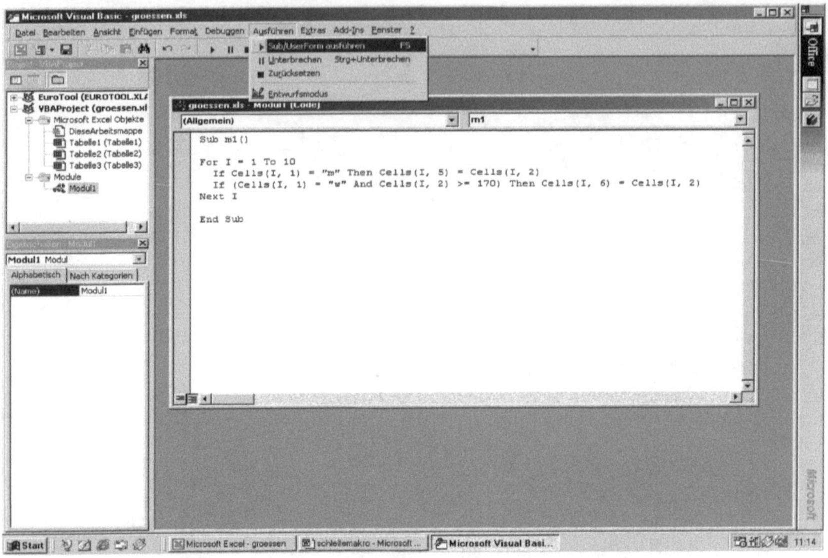

Schließen Sie den Visual Basic-Editor und wechseln Sie in das Tabellenblatt1 von EXCEL. Hier sehen Sie nun das Ergebnis:

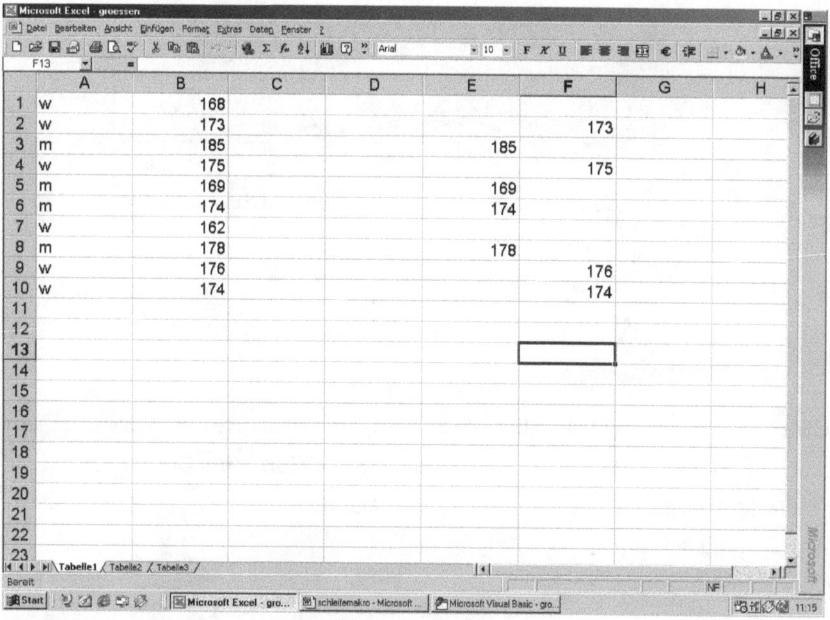

Wie bereits erwähnt, haben Sie die Möglichkeit, bestimmte Schritte die Sie in EXCEL ausführen, in ein Makro aufzeichnen zu lassen. Sie können dann diese Schritte automatisch wiederholen, indem Sie das Makro starten. Außerdem können Sie sich bestimmte Befehle im Makro ansehen, oder Sie können auch das Makro abändern. Wir wollen nun den Inhalt der Zelle A1 kopieren und in der Zelle B1 einfügen. Das ganze wollen wir als Makro aufzeichnen.

Extras →Makros → Makros aufzeichnen

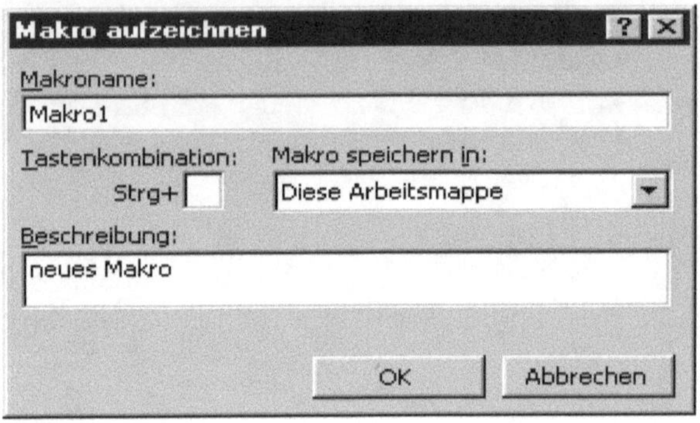

Gehen Sie nun zum Feld A1 und wählen Sie **→Bearbeiten → Kopieren**. Danach können Sie zum Feld B1 gehen und **→Bearbeiten →Einfügen** wählen. Beenden Sie nun die Makroaufzeichnung, indem Sie auf das kleine blaue Quadrat im Aufzeichungsfenster klicken.

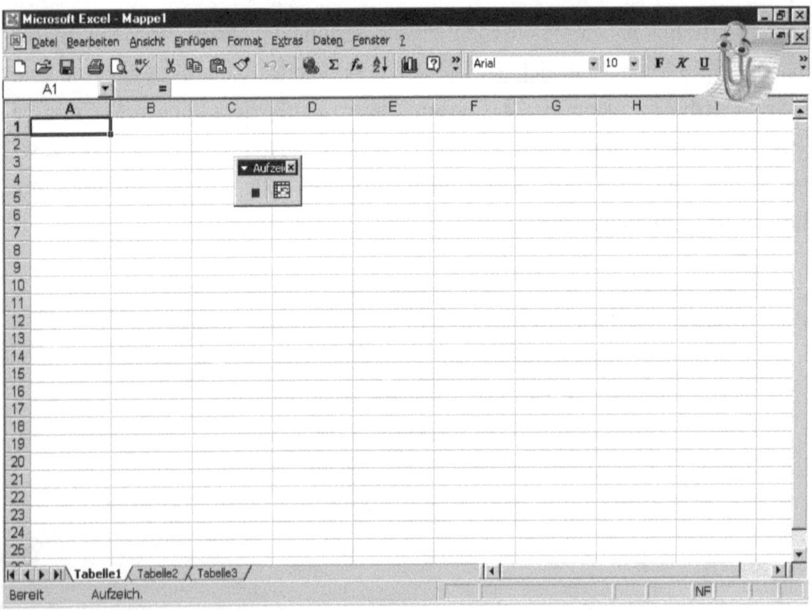

Nun können Sie sich das Makro, daß Sie aufgezeichnet haben, ansehen. Wählen Sie hierzu **→Extras →Makro → Makros.**

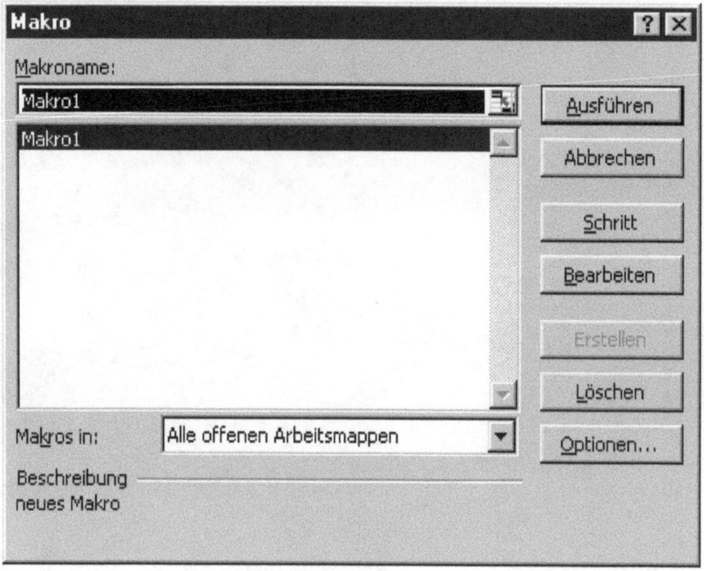

Wählen Sie dann **→Bearbeiten**. Sie sehen dann das Makro:

```
Sub Makro1()
'
' Makro1 Makro
' neues Makro
''
    Selection.Copy
    Range("B1").Select
    ActiveSheet.Paste
End Sub
```

Sie können nun auch in die Zelle A1 eine Zahl oder einen Text schreiben und dann in EXCEL das Makro starten (**→Extras → Makro → Makros** und dann **→Ausführen**).

5.4 Buttons und Auswahlfelder

Wir benötigen zunächst die Steuerelement-Toolbox. Wählen Sie hierzu **→Ansicht →Symbolleiste →Steuerelement-Toolbox.**

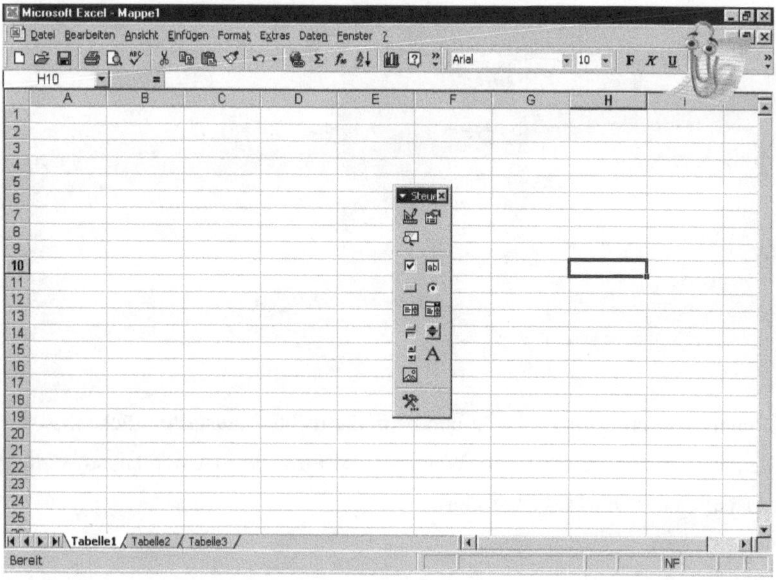

Sie können z. B. eine Befehlsschaltfläche erzeugen. Dazu müssen Sie auf den grauen rechteckigen Kasten auf der Toolbox klicken (wenn Sie mit der Maus über die Elemente der Toolbox fahren, wird jeweils der Namen des Elements angezeigt). Danach müssen Sie auf das Tabellenblatt klicken und mit gedrückter linker Maustaste den Button auf die gewünschte Größe ziehen. Der erste Button trägt nun die Beschriftung CommandButton1.

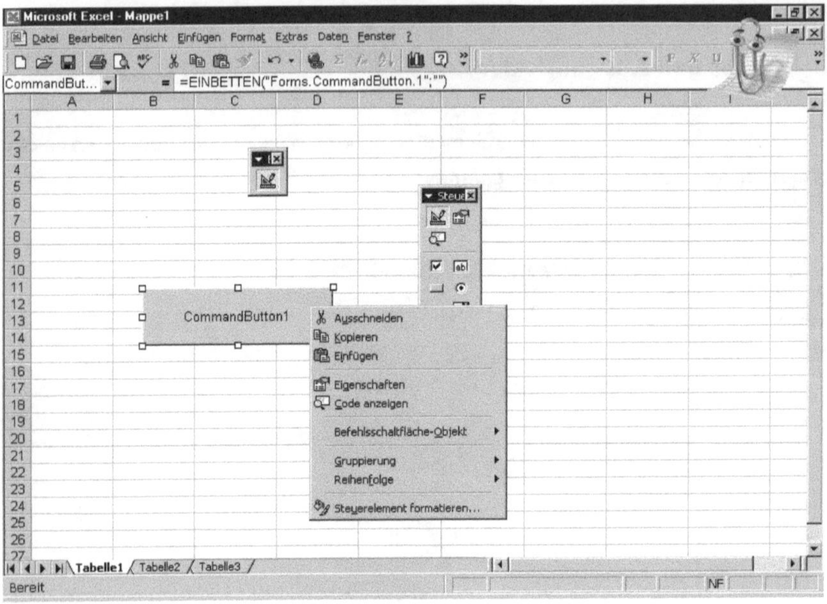

Wenn Sie nun auf den Button klicken und dann die rechte Maustaste drücken, so erhalten Sie das oben angezeigte Menü. Wenn Sie →**Eigenschaften** wählen, so werden die Eigenschaften des Objektes angezeigt:

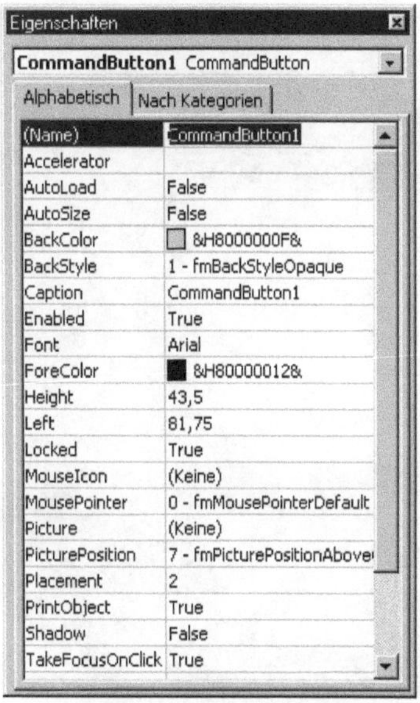

Hier können Sie den Namen des Objektes, die Hintergrundfarbe und vieles mehr ändern. Sie können auch die Beschriftung (Caption) des Buttons ändern.

Wenn Sie in dem Menü, welches Sie erhalten, mit der rechten Maustaste auf den Button klicken und **Code anzeigen** wählen, können Sie ein Programm schreiben, das beim Klicken auf den Button gestartet wird.

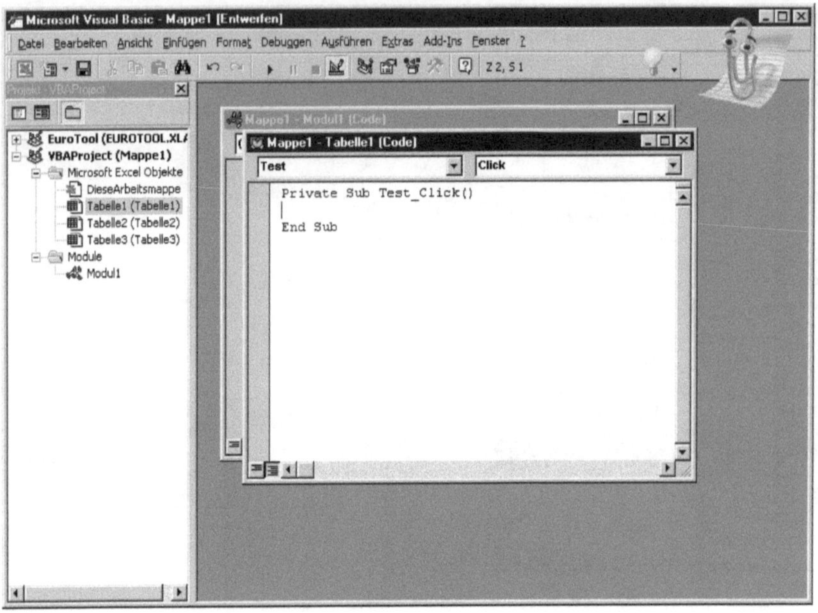
Microsoft Visual Basic - Mappe1 [Entwerfen]
Datei Bearbeiten Ansicht Einfügen Format Debuggen Ausführen Extras Add-Ins Fenster ?
Z 2, S 1
EuroTool (EUROTOOL.XL
VBAProject (Mappe1)
Microsoft Excel Objekte
DieseArbeitsmappe
Tabelle1 (Tabelle1)
Tabelle2 (Tabelle2)
Tabelle3 (Tabelle3)
Module
Modul1
Mappe1 - Tabelle1 (Code)
Test
Click
Private Sub Test_Click()
End Sub

5.5 Praktische Anwendung der Makroprogrammierung

Das letzte Beispiel zur Makroprogrammierung, das Sie leicht für Ihre Zwecke anpassen können, zeigt, wie Sie Daten nach mehreren Kriterien auswählen können. Im Gegensatz zu einem vorhergehenden Beispiel werden hier in der Ausgabe diejenigen Datensätze, die nicht dem Auswahlkriterium entsprechen, vollständig ausgelasssen.

Mehreren Personen (hier 6) wurde die Frage A gestellt und die Antworten notiert (a oder b). Ebenfalls notiert wurden: Das Alter und das Geschlecht der Personen. Die Tabelle wurde in EXCEL eingegeben:

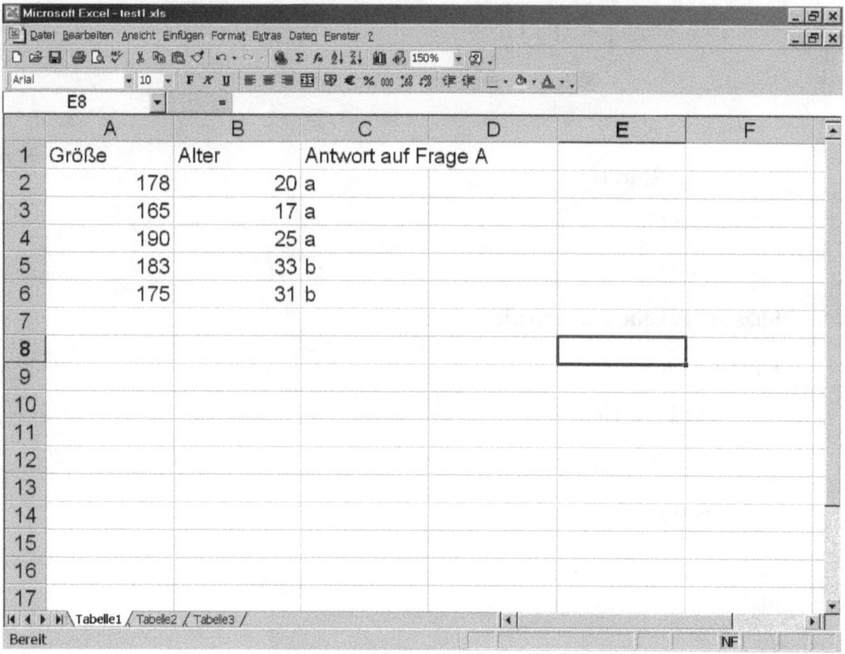

	A	B	C
1	Größe	Alter	Antwort auf Frage A
2	178	20	a
3	165	17	a
4	190	25	a
5	183	33	b
6	175	31	b

Ziel ist es jetzt, auf dem zweiten Tabellenblatt diejenigen Personen anzuzeigen, die kleiner als 180 sind und die Antwort a gaben.

Das folgende Makro, das wir nun genauer besprechen wollen, leistet dieses:

```
Sub test()
Dim X(10, 3)
    Sheets("Tabelle1").Activate
    k = 0
    For i = 1 To 5
        If Cells(i + 1, 1) < 180 And Cells(i + 1, 3) = "a" Then
        k = k + 1
        For j = 1 To 3
            X(k, j) = Cells(i + 1, j)
        Next j
        End If
    Next i

Sheets("Tabelle2").Activate
For i = 1 To k
    For j = 1 To 3
        Cells(i, j) = X(i, j)
    Next j
Next i
End Sub
```

Die Bedeutung dieser Programmzeilen ist wie folgt:

In der ersten Zeile (Sub ...) wird der Name des Makros angegeben (hier «test»). Die beiden Klammern bleiben ohne Inhalt, da wir keine Werte (Parameter) von anderen Programmen an das Makro übergeben.

Die Dim-Anweisung aus Zeile 2 dient dazu, ein Feld namens X (eine Matrix) anzulegen, das die Werte, die später ausgegeben werden sollen, aufnehmen kann. Hier werden 10 Zeilen und 3 Spalten für die Feldgröße reserviert. Für Ihre eigenen Daten müssen Sie die Feldgrößen entsprechend anpassen.

Die folgende Zeile (Sheets ...) sorgt hier dafür, daß das aktuelle Tabellenblatt, auf welches wir uns nun immer beziehen, das Tabellenblatt1 ist. Es wird hiermit aktiviert.

Die Zeile k=0 bedeutet: Eine Zählvariable wird mit 0 vorbesetzt. Die Variable dient dazu, festzustellen wieviele Datenzeilen später wirklich ausgegeben werden, denn das Ausgabefeld X ist wegen des Auswahlkriteriums für unsere Daten kleiner als der Datenbereich der Eingabe.

Nun folgen zwei ineinander verschachtelte Zählschleifen (For-Schleifen). Die Variable I für den Zeilenindex des Feldes läuft von 1 bis 5, da die Zeilennummer der Zellen hier über I+1 berechnet wird. Die Variable J für den Spaltenindex einer Zelle läuft von 1 bis 3.

Die Zelleninhalte werden nun abgefragt (If-Anweisung). Falls die Größe einer Person weniger als 180 beträgt (<180) und (And-Anweisung) die Antwort auf die Frage A ein «a» war (Texte in Anführungszeichen), dann wird der Zähler für die Zeile des Ausgabefeldes X erhöht und die aktuell geprüfte Zeile in X für die spätere Ausgabe abgespeichert.

Im zweiten Teil des Makros wird das Tabellenblatt Tabelle2 aktiviert, in das die Ergebnismatrix geschrieben werden soll. Das in X abgespeicherte Datenmaterial (die ausgewählten Datensätze) wird in die Zellen übertragen und (im Tabellenblatt2) ausgegeben.

Sie müssen nun dieses Makro in EXCEL eingeben. Die Vorgehensweise haben wir zuvor schon erklärt. Wählen Sie also, wie im nächsten Bild zu sehen ist, **→Extras →Makro →Visual Basic-Editor**.

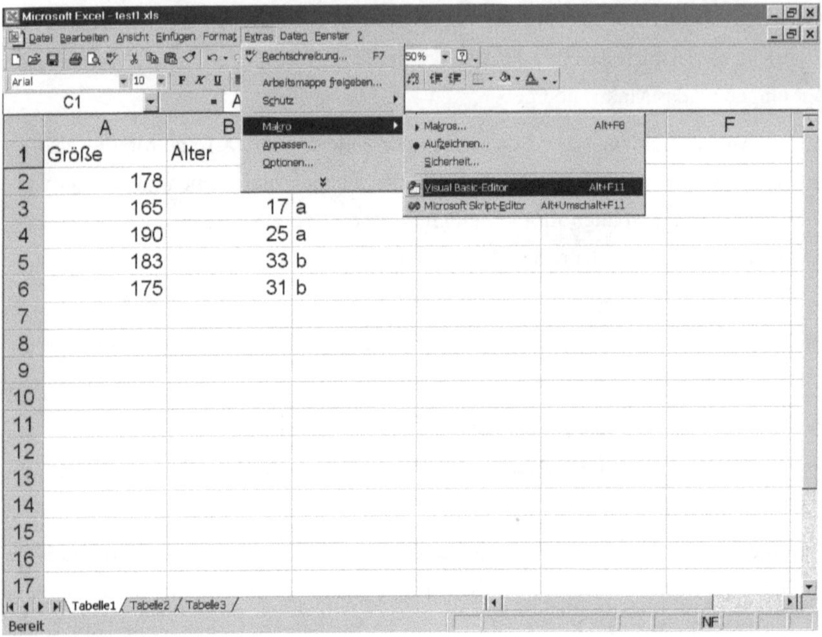

Klicken Sie im linken Projektfenster auf Modul1 oder wählen Sie, falls Sie ein neues zusätzliches Modul erstellen wollen, **→Einfügen →Modul**.

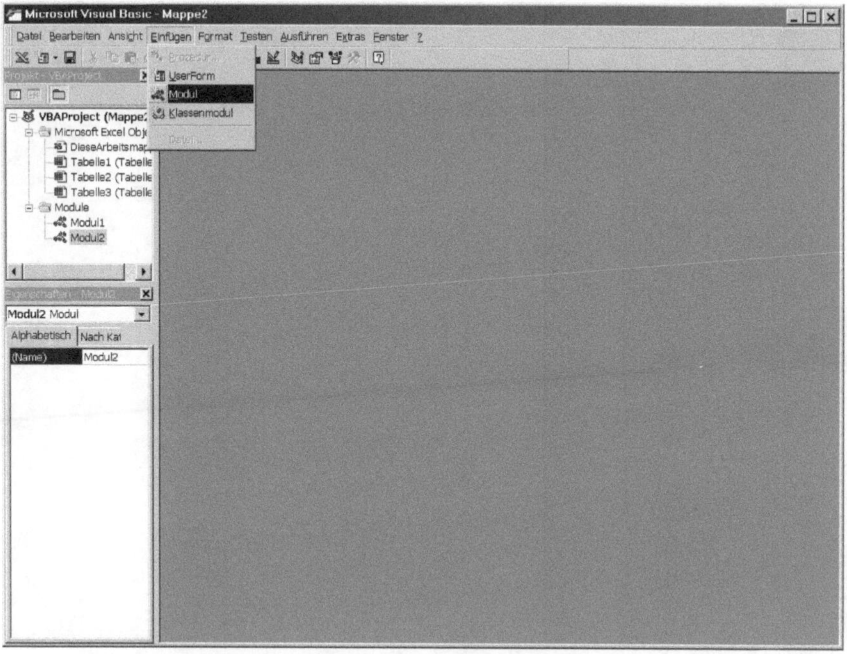

Nun können Sie den oben besprochenen Code eingeben.

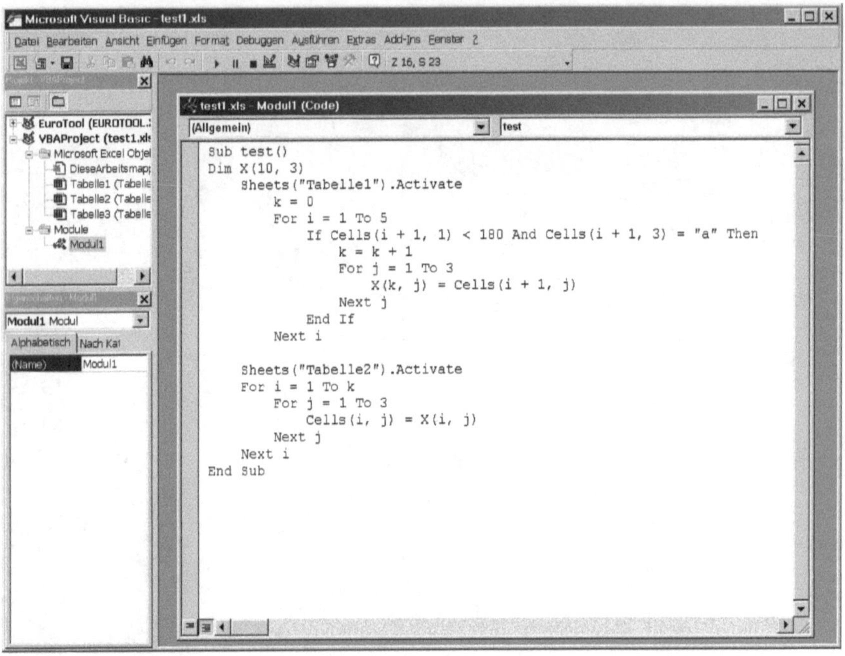

Speichern Sie Ihre Arbeit zur Sicherheit mit dem Menüpunkt **→Datei →Speichern unter**. Sie können das Makro dann mit **→Ausführen** starten. Nach dem Schließen des Visual Basic-Editors und dem Wechsel zur Tabelle2 sehen Sie als Resultat die ausgesuchten Datensätze.

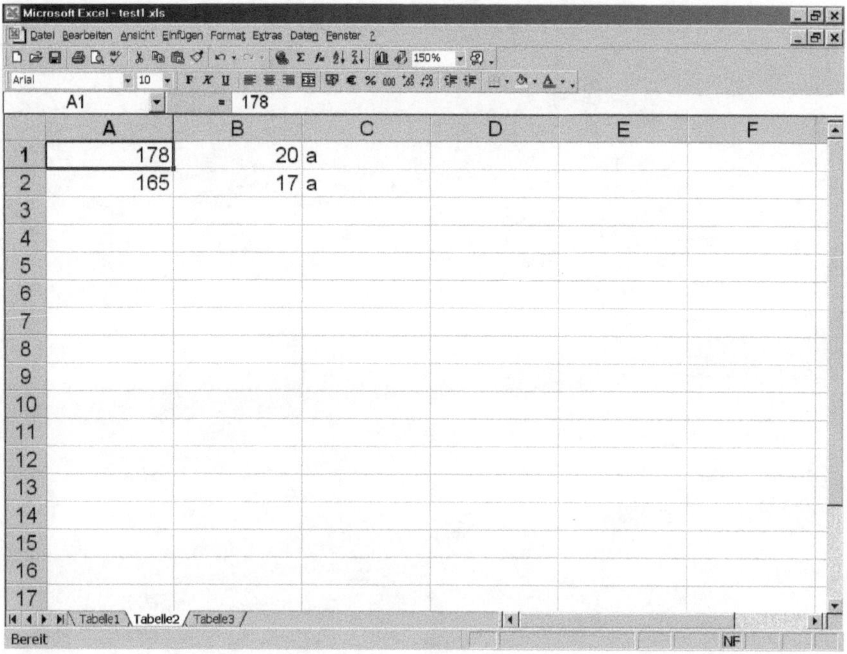
Microsoft Excel - test1.xls
Datei Bearbeiten Ansicht Einfügen Format Extras Daten Fenster ?
A1
= 178
178
20 a
165
17 a
Tabelle1 Tabelle2 Tabelle3
Bereit
NF

6 Index

A

A1 ... 14, 22
absolut ... 23
Abstand ... 26
aktiviert ... 14
Allgemein ... 17
And-Anweisung ... 137
Änderung ... 17
äquidistant ... 26
Arbeitsmappe ... 10
arithmetische Folge ... 25
Astronomische Einheiten ... 31
Ausgleichskurven ... 81
Autofilter ... 45
Automatisch ... 66

B

Balkendiagramm ... 61
Bearbeitungsleiste ... 16
Benutzerdefiniert ... 45
Bereich ... 14
Bereich formatieren ... 32
beziehen ... 22
Bezugsart ... 29
Blattschutz ... 43

C

Code ... 133, 139
Cursor ... 14

D

Datei ... 10, 51, 54
Datenbereich ... 72
Datenreihen ... 80
Datum ... 52
Diagrammassistent ... 61
Diagrammtitel ... 73
Dim-Anweisung ... 137
Dollarzeichen ... 24
Doppelklick ... 83
Druckbereich ... 52
drucken ... 51

E

einfügen ... 11
einschalten ... 16
Enter-Taste ... 14
Escape-Taste ... 11, 88
Extension ... 56
extern ... 27
Extras ... 28

F

Farbe 37, 68

Fehlerbalken 84

Fehlermeldung 27

Feldgröße 137

Fenster5, 9, 33, 40, 63, 73, 74, 78, 79, 108

fett 5

Filter 45

Folgeglieder 26

formatieren 30

Formel 16

Formeln-Leiste 16

Formular-Box 40

For-Schleifen 137

Füllmuster 68

Funktion 101

G

Gitternetzlinien 16

Grafikmöglichkeiten 59

Gültigkeit 88

H

Häufigkeit 92

Hilfe 18

Hintergrund 67

I

Index 20

Inhalt 20

Inhalte einfügen 25

Installation 5

Inverse 96

K

Kennwort 43

Klammern 91

Kombinationsfeld 40

Kopfzeile/Fußzeile 52

kopieren 13

Kopieren 22

Kreisdiagramm 71

Kreuz 26

L

Label 39

Lineare Regression 26

löschen 13, 36

M

Makro39, 42, 107, 108, 110, 112, 114, 117, 118, 120, 123, 125, 127, 129, 130, 136, 137, 140

Mappe 10, 11, 63

markieren 14

Matrixbefehl 91

Maustaste 11
Maximum 66
Menüpunkte 9
Methode der kleinsten Quadrate 82
Minimum 66
Mittelwert 91
MTrans 95
Multiplikation 16

N

Nachkommastellen 30, 66
Namen 11
Namenfeld 14, 19
Namensregister 11
Neustart 17
numerisch 99

O

Objekte 42
Oder-Funktion 89
Office-Assistent 9
Optionen 13, 16, 17, 29, 33, 82

P

Parameter 137
Pfeile 5
p-q-Formel 99
Projektfenster 138
Pulldown-Menü 11
Punkt(XY) 79

Q

Quadrat 16
Querformat 51

R

Rahmen 37
Rahmenart 37
Rahmenfarbe 37
Rechengenauigkeit 30
Rechnung 33
Registerzungen 11
Regressionskurve 82
Regressionstyp 82
relativ 22
Runden–Funktion 30

S

Säulendiagramm 61
Schaltflächen 39
Schriftgröße 64
Schutz 43
Seitenansicht 53
Sequenz 5
Sheets 137
Sigma 33
Skalarprodukt 94
Skalierung 66

Solver 101
sortieren 47
Spaltenbezeichnung 14, 23
speichern 55
Standard 30
Start 9
statistische Kenngrößen 90
Statusleiste 33
Sub 137
Summe 33
Summenfunktion 33
Summenzeichen 33
summiert 107
SVerweis 93
Symbolleiste 32

T

Tabelle 13
Tabellenblatt 11
Text 14, 22, 31, 52, 87, 89, 130
Themen 20
transponieren 95
Trendlinie 81

Ü

überschreiben 14
übertragen 25
unzusammenhängende Zellen 34

V

vergrößern 51
verkleinern 51
verschieben 13, 36
Version 5
Verzeichnisnamen 9

W

Wenn-Funktion 87
Wert 25

X

x-Achse 64
xls 56

Z

Z1S1-Bezug 28
Zahlenformate 30
Zählvariable 137
Zeilenindex 137
Zelle 14
Zellenbezeichnung 14
zuletzt geöffnet 13

MIX
Papier | Fördert gute Waldnutzung
FSC® C083411

Zeitfracht Medien GmbH
Ferdinand-Jühlke-Straße 7
99095 Erfurt, Deutschland
produktsicherheit@kolibri360.de